# 如《によ》来《らい》何《なに》故《ゆえ》に内《ない》観《かん》するや

―曽我量深の根本思想を探る―

那須信孝
Nasu Nobutaka

方丈堂出版
Octave

# 如来何故に内観するや

## ——曽我量深の根本的思想を探る——

＊目　次

# 序

言うまでもなく曽我量深の教学は、親鸞聖人の教えが単に救済の教えではなくて、自己存在を内観する自覚の学であることを明らかにされたことである。

しかしその視点というか、見解の立場が、救済に対しての自覚の教えであるという我われ救済される衆生の側からの自覚自証として論及されてきたきらいがあるように思う。確かに親鸞の浄土真宗の教えが救済の教えだけでなく、自覚自証の教えであることを曽我は明らかにしたのであるが、それには限りない如来の自覚自証の内観があってこそ成立するのである。曽我の意図は、如来が如何にすれば衆生が救われ、自覚自証するのか、如来の深い内観があればこそ衆生の救済自証が成就するのであることを明らかにしようとされたのである。かかる意味から『如来何故に内観するや』という題によって、如来の限りない深厚な内観の御苦労を推求していく。それは、言うまでもなく唯識思想に基づくのであり、他力浄土教の法蔵菩薩が大乗仏教の唯識の阿頼耶識の思想とどのように関係するのか、曽我の独自の唯識観を論じ、そこから法蔵菩薩への展開を明らかにしていく。

私は一般的なる真宗学の話をするのでも完成せる唯識学の話をするのでも無い。自分は現在の意識の事実の話をするのである。だからして意識の体験を離れたる真宗学でも無いし、宗教的認識と交渉なき唯識学でも無い。詰り自分の意識の中に流るゝ真宗学を話し、自分の宗教的要求の反省なる唯識学を話して居るのである。だからして無限に開展する真宗学でもあり、又現在に自ら生きて思想しつゝある唯識学でもある、から思ふのであります。(『曽我量深選集』第五巻・一六七頁。以下、選集)

何も私は昔から唯識学者のいふ阿頼耶識と、真宗学でいふ法蔵菩薩と同じだといふやうなことを云つてゐるのではありませぬ。一体さういふ阿頼耶識とか法蔵菩薩とかいふものは何を意味してゐるか。我等の宗教的要求において何を意味するか。かういふことを私は明らかにしたいといふだけのことであります。(『曽我量深』講義集第四巻・一四五頁。以下、講義集)

まず始めに曽我の唯識観について略述する。

# 第一章　識の転変について

## 「すべての存在は阿頼耶識の転変したものである」

『唯識三十頌　』の冒頭に、

唯識性において　満に分に清浄なる者を稽首す
我れ今彼の説を釈し　諸の有情を利楽せん
仮に由りて我法と説く　種種の相転すること有り
彼れは識所変に依る　此れが能変は唯三のみなり
謂わく異熟と思量と　及び了別境との識なり
初めのは阿頼耶識なり　異熟なり一切種なり

『唯識三十頌』冒頭において仏法を説こうとすれば、仮に「我」「法」を立てて説く。本来我法はなくて空であるが、しかし我・法を仮に説かねば真理を伝えることが出来ない。あるのではない。仮のものである。本来は「空」のものである。すべての存在は自体で存在するのでなくて縁起によって存在する。我法によってあらゆる種々の現象が転起転変する。

この我法は識の所変であり、「彼は識所変に依る」とは識の転変のことであるが、転変、変とは、文字が示す如く、姿を変えて他へ転換することであって、安慧は「他であること」「前の位から他になること」とする。すべての存在は阿頼耶識が転変したものであるという考えに由来する概念である。所変とは人間存在を支えている由りどころ、阿頼耶識の識が変わったものである。一切の我法は識が根本となって変化したものであると考えるのである。それに対して能変には三つある。異熟と思量と了別境の識である。八識の阿頼耶識は異熟識であり、一切種子識との呼称があり、第七識の思量とは末那識であり、六識は意識と視覚・聴覚・触覚・味覚・嗅覚の五感で了別境識、認識である。阿頼耶識が末那識すなわち思量識そして六識の了別識へと転変する。

曽我はこの我法の転変について次のように記している。

内的仮我法たる阿頼耶識を立てゝ、外的実我法を否定すると共に、又其の生起の仮我法なる根本識にあるを説明し、寧ろ我・法を以て、単に無明が与へたる問題に非ずして、全く阿頼耶識そのものが自己の面目を顕現せんために、無明妄識の縁を借りて呈出したる霊的問題とし、経験的・

含蓄的観察によりて、此の問題中既に解答の包含を確信し、此の我・法の妄念を精錬純化し、遂に我・法の礦中より、阿頼耶識の純金を得る。（選集一巻四二一頁）

曽我は我法を内的な仮我の法と外的実我とに分けて、我法が仮に立てられてるいのは、即ち外的実我とは、我われが実際に我法があると認識するのが妄執であると否定するためにである。仮に立てられた我法を否定自覚するのが阿頼耶識・根本識なのである。無明の我法も阿頼耶識から起ったものであるが、それは無明の妄念を阿頼耶識自体が悟りへと純化転変するためであると自覚的に転変をとらえている。

曽我は、阿頼耶識について『如来表現の現の範疇としての三心観』（選集第五巻・一五三頁）において、詳細に論及している。

阿頼耶識といふのは印度の言葉でありまして、之を支那で蔵識といふのであります。此の阿頼耶の蔵意識について三つの相。それは何であるかといへば、

第一　自相
第二　果相

第三　因相

これである、かういふ風に申します。従つて此の三相に対して各々名前があるから、阿頼耶には三つの名前がある。阿頼耶識といふのは此の自相の方面の名前である。果相の方の名前は異熟識、因相の方の名前は種子識、詳しく云へば一切種子識で、これを書きますと、

第一　自相　阿頼耶識

第二　果相　異熟識

第三　因相　種子識

此の阿頼耶は三つの相即ち内容をもつて居るために、その主観なる阿頼耶識の上に三つの名前があるといふことは、『唯識三十頌』の中に書いてある。又『三十頌』の註釈『成唯識論』の中に其の事が解釈されてあるのであります。

先づ此の中に於て自相といふのは一番根本でありまして、自相といふのは然らば何であるか、之は詰り自我の相、或は自我意識の相、又は自覚の相、かういふ工合にいふことが出来ると思ふのであります。

無論『唯識論』の中を見ても、自覚相とか自我相とかいふやうな説明はして居らぬやうでありますけれども、自分が『唯識論』を幾度も幾度も読みまして、此の阿頼耶の自相といふのは、『唯識論』の言葉によつて見るといふと、自の体相である、自体相である。かういふ風に説明し

てある。自体相といふと、何か阿頼耶識に自体といふものがあつて、固定したものである、かういふ風に聞えるのでありますが、さうでは無い。自体相といふのは何だといへば、詰り阿頼耶の自覚相であります。阿頼耶といふのは要するに自覚意識そのものでありまして、吾々一切の自覚の原理そのものゝ自覚意識である。だから。一面から見れば此の流転生死を感ずる業の原理となり、同時に又此の迷ひをひるがへして悟りに到る、悟りの自覚の原理、道程となる。其の迷ひの原理自体、原理を証知する原理が即ち此の悟りの原理でありまして、詰り吾々は阿頼耶識の体験の中にあつて本当に迷ふことを感識することが出来るのであります。この直接の感識の外に現実の迷は存せぬが故に、阿頼耶識がなければ本当に迷ふことは出来ない道理である。

随て又阿頼耶識によつて迷ふといふ現実が成立すると共に、其の迷ふ所の阿頼耶識の道程を吾々が本当に知るといふ事、それが詰り悟りの道程である。悟りといふのは迷ひそれ自体を本当に無限に内観するを其の道程として居る。迷ひといふことをのけて何が悟りであるか、真実に迷ふことを知る、真実に迷ひ来つた所の道を逆に尋ねて悟りに帰り行く。だからして迷ひといふも悟りといふも、要するに阿頼耶の自相、即ち自体相、自覚相、自我相、一切の自覚を総合せる根本的自覚識、さういふ所に一番根拠があると思ふのであります。（選集弟五巻・一六一―一六三頁取意）

曽我は数十年も読まんでも始終心に憶念して内観してきたのは、阿頼耶の三相の事しかないとのべているが、一般には阿頼耶識の識の転変を阿頼耶識が迷いの職の転変を因果転変として単に迷いの識とのみとらえて自覚的に捉えないので、阿頼耶識は、流転の循環に堕してしまい、阿頼耶識の本来の意義を失ってしまうであると述懐している。

## 「自覚とは阿頼耶識の体験である」

吾々一切衆生の感覚的現実の流転の因果の形式といふものも、又従って此流転の形式自体なる自覚の理想的還滅の因果形式といふもののもこゝにある。一面から見れば此の流転生死を感ずる業の原理となり、同時に又此の迷ひをひるがへして悟りに到る、悟りの自覚の原理、道程となる。其の迷ひの原理自体、原理を証知する原理が即ち此の悟りの原理でありまして、詰り吾々は阿頼耶識の体験の中にあつて本当に迷ふことを感識することが出来るのであります。

我等は阿頼耶識の有限的外的限界概念に依つて迷うて居るといふ現実的事実が初めて成立するのである。随て又阿頼耶識によって迷ふといふ現実が成立すると共に、其の迷ふ所の阿頼耶識の道程を吾々が本当に知るといふ事、それが詰り悟りの道程である。悟りといふのは迷ひそれ自体を本当に無限に内観するを其の道程として居る。真実に迷ひ来つた所の道を逆に尋ねて悟りに帰り行く。だからして迷ひといふも悟りといふも、要するに阿頼耶の自相、即ち自体相、自覚相、自我相、一切の自覚を総合せる根本的自覚識、さういふ所に一番根拠があると思ふのであります。それを詰り阿頼耶識といふのであります。（選集第五巻・一六二～一六三頁取意）

阿頼耶識を曽我は単に迷いの意識として、客観的に見るのではなくて、迷いを迷いとして主体的に自覚することが、そのまま悟りを得ることであると言うのであって、表面的に阿頼耶識を単に迷いの意識とのみとらえてはいないのである。

次に『成唯識論』では『唯識三十頌』を釈して、

「是の諸の識とは謂く、前に説く所の三能変の識と及び彼の心所となり。皆、能く変じて見と相との二分に似れり。」（『成唯識論』巻七）

八識が転変する時、見分と相分に分かれる。変が能変（変化せしめるもの）見分と所変（変化せしめられたもの）相分に分けられる。

見分は能縁、認識するものに似る相、相分は認識されるものに似る相という意味で、本来は識が識を見るというはたらきを示す。それは「因転変」と「果転変」との両面によって考えられ、因転変とは略して言えば、転変して因たること即ち種子となることであり、果転変は、転変して果たること即ち現行になることである。この時、人の心には、執着があるので、見るものと見られるものと対立的に別なものとして執着してとらえている。

見・相二分の間に、実に能・所縁の関係あるに非ず。一念の心起るや、一分所縁に似たる相分を現じ、一分能縁に似たる見分を現ずるのみ。若し、実の所縁・能縁を許さば、相分は心外の存在となりて、唯識の教義は、其の根底より破壊せざるべからざればなり。(選集第一巻・四五二頁)

この文で「分」とは面ということで、二面とは一面と他の一面ということであって、一部分という意味ではない。普通に言われる原因と結果ではない。能作と所作とは、「はたらき」に於ける能と所であり、あるいは、「はたらき」とその結果とである。「はたらき」において、そのはたらきの結果が同時に見られ、然しながら異なった姿において別なものと考えられるところに、転変の根本的な概念がある。能作と所作の因果同時の転変は、識においてのみ可能である。単なる外形的な行為は、それ自らの中にその結果までも包摂することは出来ない。

しかも能作と所作が同時性において成り立ちながら能作と所作とが逆に交替するところに因果両転変が成り立つのである。意識は一瞬一瞬転じていくので、我われが考える能作所作では、相分は心外となっている。しかし心外の存在と誤ることによって逆に自覚せしめられるのでもある。はじめから心内と言うと内にならない。内を外に見る。外を内に見ると言うところに自覚がある。我われは正しく内に原因であるのに、内心に不満あるがために、満足を外に求めるために、反って内なる不満の相を、客観の事象において見出しているに過ぎない。自分の影を外境にうつして、そうしてそれに縛られて居ると顚倒して考えて居る。実は外にあるように見える、外にある結果のように見えるものはそれは実は内なる因である。かく外にあると思い顚倒して居ることに気のついた時に外を内に転じる。そして世界全体が変って来るのである。

識が識を見ると言う時、それは見られるものと見るもの、見分と相分になるので、全く同一なるものとは言うことはできないが、然し尚、それが共に識なる限り全く別なるものとも言うことも出来ない。見分と相分は不一不異なるものである。心内の相分の現象と自覚するのが識の転変である、この識の転変は唯識学派では四つの考えがある。

安慧の一分説は相分見分を分けないで直観でとらえる。難陀は二分説で相分見分に分けて、見るものと見られるものを分ける。三分説は見分・相分・自証分で意識の自覚を表す。護法は四分説で自覚を客観的に証明するのが証自証である。曽我は自覚の立場に立つので四分説の護法の立場による。

曽我は自覚とは「自証と証自証と相互に縁するを最上の自観とす」（ノート1・六四頁）と自覚す

る自覚、自覚自身の意味を反省する自覚でなければならないと言う。かかる自覚に基づいて曾我の自覚を考えなければならない。

後に述べるが十八願が自証、十七願が証自証と如来の本願を二願の相互関係で見いだしたのもこの原理によるのであろう。

## 「種子生現行、現行薫種子、三法展転因果同時」

さらに転変について『成唯識論』に、

「一切種の相を応に更に分別すべし。此の中に何なる法をか名づけて種子と為すや。謂く本識の中にして親しく自果を生ずる功能差別なり。此は本識と及び所生の果と不一不異なり。体用因果たる理を以て爾るべきが故に」(『成唯識論』巻二)

識なる観念は独り其外延に於て一切に通ずるのみならず、又内包的に一切万有を含蓄する観念なり。随て阿頼耶識の中には一切万有の種子を包含して余す所なし。阿頼耶識は前六識の種子を包有すると共に、又彼が現行を受薫し、再び是が外縁によりて、万有の生起を実行しつゝあるな

り。(選集一巻・三五七頁)

種子が親しく自果を生ずるハタラキであり、すべてのものが必ず種子から、現実の行動として現われる。そしてその識は、この種子から一切法が生じるのである。阿頼耶識を想定する場合、種子という力、ハタラキと阿頼耶識との関係を全く別のものとももまた一体のものとも考えてはいけない。一でも異でもない。阿頼耶識と種子は不一不異である。この問題は重要なので次章で論ずるが、「種子生現行、現行薫種子、三法展転因果同時」と、転変して因となり、転変して果となる、因なる種子が果なる現行となる。「種子」とは、ものの種・ものの因という意味で種子に対して、いま現に実際はたらいている、活躍しているところの法のすがたをば「現行」と言う。一方的ではなくて現行である果が因である種子に薫習するという因果の循環性を表し、しかもその因果が同時と言うのが唯識転変の根本原理である。かかる種子と現行の考えは『唯識三十頌』では明らかになっていないが、成唯識論で詳細に説かれるので、重要な概念である。

唯識の阿頼耶識の自覚の道理を種子と現行の相互関係で明らかにするには、『如来、我を救ふや』(選集第四巻・二八頁)の文はそのことを象徴的に表現している。私が『如来何故に内観するや』と題するのも、この曽我の意図の根源を探求する意味である。曽我は救済を示す面を題名にして『如来、我を救うや』とし、本論『如来何故に内観するや』は如来の自証の面を題名にするが、両者は不離であり、反顕したまでである。

曽我の救済と自証の根源的な思想が如来の限りない内観に由ることを明らかにする。

# 第二章　阿頼耶識と現象意識との境界

## 「根本阿頼耶識と現象意識との明瞭なる境界線」

私は数日前に東洋大学に於て唯識教学を講じ、阿頼耶識の種子について語つて居る間に、忽然として一つの言音を聞いた。それは「如来が如来であらんためには衆生を救はねばならぬ、しかし彼が衆生を救はんがためには永久に如来となることが出来ぬ」といふ言音であつた。私はこの言音を思念しながら、阿頼耶本識とその中に積聚して一切現象の親しき能生の自因であるところの功能軌範たる種子、ならびにその種子の所生の自果たる現象意識の関係について語り続けた。

私は今日こそしみじみと根本阿頼耶識と現象意識との明瞭なる境界線を感ぜしめられた。「真実勝義諦に於ては八識は体一とも異とも言ふことが出来ない、なぜなればそれは離言難思の境であるから、しかし方便の世俗諦に於ては八識は、厳然として体別であつて、断じて体一といふことは出来ぬ」といふ『唯識論』の主張は今日程強い感銘を受けたことはない。「万象を生ずべき因たる種子は根本阿頼耶の中にある、しかしそれから生ぜらるべき現象意識は永久に根本識の外にある。随てこの現象意識が限りなく根本主観にその習気を新たに薫習しても、内に受け取るものは現象意識としての相ではなくして、内面化せられたる種子である」（選集第四巻・二八頁）

「如来が如来であらんためには衆生を救はねばならぬ、しかし彼が衆生を救はんがためには永久に如来となることが出来ぬ」という言葉に如来の苦悩が表現されている。

「如来は如来である」「如来は如来であらねばならぬ」「如来はどこまでも如来でありたい」「如来をして如来たらしめねばならぬ」「徒に如来と名告つて居るべきではない」「無実の如来では不可ぬ」「如来の裡に如来に矛盾するものがあつてはならぬといふのが如来の根本の願である」（選集第十巻・九一頁）と、如来が如来であること、覚りを自覚自証することと如来になるために衆生を救済することは一見すると矛盾するようであるが、矛盾でありつつ、矛盾のままに調和するという道理を、根本阿頼耶識に内在する種子と現象意識である現行の関係で明らかにしている。

その根源は唯識では、阿頼耶識の根本意識の種子と現象意識の現行との間に、ハッキリした境界線があると言うのである。

曽我の境界とか限界とか限定という言葉を使用するときに注意しなければならないのは、分限という事である。「学問ということは我が分限を知ることである。絶対無限が御自身を明らかにするために、無限なる御自身を御方便を以て限定し給いて、衆生にも独自の領域を与えて、如来と衆生とが相照らして、如来には如来の分限あり、衆生には衆生の分限がある。そして機には機の分限あり、法には法の分限あるが故に機と法とが、機は法を犯さず、法は機を犯さず、機は機の分限に満足し、法は法の分限に満足する。だからして機と法とが無碍である。衝突しない。これ一体という所以である」（講義集第十一巻・一二八頁）と、如来が「衆生」を自覚せしめんがために自己を限定してその分限を守られるというのである。難しい文であるが次のようにも述べている。

法性が生起現在するには、すなはちその未来の位を転じて現在の経験的意識となさんがためには、法性それ自体が衆多の過去の事縁と和合するを要する。これを縁起、縁生と名ける。けだし無限性の因自らは有限の縁に限定せられて、ここに現行意識となる。而してこの縁の限定といふも遂に因の自己限定に外ならないからして、有限はかくて法自性の無限に総合せられ、現在意識はたゞ一刹那である。（選集第四巻・二八頁）

意訳するならば、法性である如来が現実である現象界の衆生の現行を摂取するには「衆生」の過去からの業と和合する。即ち如来の本来的なさとりのハタラキが限定されて衆生の煩悩に同化することによって衆生自身が自己の分限即ち煩悩に目覚める。即ち和光同塵することを示していると言えるのであろう。如来が自己のハタラキを限定分限をわきまえられるというのは、衆生を救うために衆生の現実の意識となり、綜合するとはその煩悩の衆生の現行意識を摂取する。種子生現行、現行薫種子の同時因果が一念一瞬に自覚内観するのが阿頼耶識のハタラキである。

では真実勝義諦の法性は離言難思であつて一とも異でもないというが、その勝義諦の阿頼耶識は体一であるが、そのハタラキである俗諦の阿頼耶識の現象意識は体別である。はいかに関係するのであろうか。法界である勝義諦と現象界である俗諦との境界線である。

## 「真如と阿頼耶識と万有」

「真実勝義諦に於ては八識は体一とも異とも言ふことが出来ない、なぜなればそれ　離言難思の境であるから、しかし方便の世俗諦に於ては八識は、厳然として体別であつて、　断じて体一といふことは出来ぬ。(選集第四巻二八頁)

真実勝義諦の法性は離言であり、尋思を超えた真如である。その根本阿頼耶識である勝義諦の阿頼耶識と真如との関係は一でもない異でもないというのである。阿頼耶識は善悪美醜一切の種子を包含するのみならず、真如の観念を包含している。しかし真如の観念は決して阿頼耶識を実質的に包容することはできない。真如は阿頼耶識の活動の法則に過ぎない。

真如は単に消極的形式的原理に過ぎざればなり。阿頼耶識は万有の積極的原理なり。真如は万有の消極的原理なり。換言すれば真如は阿頼耶識活動の法則なり。吾人は法則なき活動を考ふるを得れど、活動なき法則を思惟するを得ず。吾人は活動の為の法則を思惟し得れども、法則が為の活動を考ふる能はず。畢竟活動は主なり、法則は賓なり。唯識宗が阿頼耶識中心を唱道する所以是にあり。（選集第一巻・三五八頁）

一切の現象は阿頼耶識の認識の活動ハタラキであり、法性・真如は阿頼耶識の活動の法則であり、よりどころであり。形式的な消極的な原理である。識を離れた真如の存在はその活動はないのである。真如の実性・本質は阿頼耶識とすこしも隔たることは無くて迷悟に貫通して変ずることはない。しかし真如は実際的統一の原理ではなくして　識が有する理想である　識は衆生をして真如を自証せしむる方便善巧であって、衆生は識を通して、識を超離して法性の離言の悟りに証入せしめられるのであり、実際のハタラキは阿頼耶識によるのである。

そしてまた阿頼耶識と種子との関係について次の様に述べている。

第八識と種子とは所薫と能薫、所依と能依との別ありて、種子は云何に変化するも第八阿頼耶識は毫も其作用を変ぜざるなり。第八識は明鏡の如く種子は影像の如し、影像其性質云何に変化するも鏡の本性は少しも其影響を受けず。彼は善をも認容し、又悪をも認容す。而して彼は何れにも偏倚せざるなり。彼が眼中に善悪美醜なし、随て一切種子は皆同様に第八識に同化せられて無記性たるなり。」(選集第一巻・三六九頁)

阿頼耶識は、真如の勝義諦の「理」と現象界の「事」との関係について両方にハタラクのである。一切の現象を認識する「事」である阿頼耶識は、「理」である真如を根本にしながら、現象界の迷いを中心に論じられるが、悟と迷いの二面、両者の境界線を自覚するのが阿頼耶識である。自覚は、尋思(思いめぐらす)ことの限界に於いて真に自覚がなされる。

かくのごとく阿頼耶識のなかに包含している種子は、一切の迷いの存在である現行へと転変する。一切の現行は阿頼耶識に内在する種子から展開するので染汚を超絶した真如から展開するのではない。従って真如と阿頼耶識は一でない不一である。しかし俗諦の現象意識と真如とは無関係なのではない。阿頼耶識の種子が展開するには、真如の理性がなければならない。なぜならば、現象意識の実相は真如の理性をよりどころにして。阿頼耶識から展開して始めて現象となることが出来るので、全く異なったものでなくて不異である。

この勝義の世界と俗諦の世界の矛盾断絶を調和するのが曽我の言う不一不異の道理である。この不一不異。一でも異でもないという事をさらに推測するならば、否定の否定は肯定。種子と現行の転変の矛盾は矛盾のまま矛盾として自覚して矛盾のまま荷負して調和するのであろう。矛盾のまま肯定され、それぞれの分限の存在意義があるのであろう。煩悩即菩提で代表される即の意義も、阿頼耶識の否定をとおしての肯定の道理により矛盾が矛盾として調和されるのである。。煩悩即菩提で代表される即の意義も、それは識を通して、識を超離して法性の離言の悟りの智に証入するので法性からの化現に依るのではなくて識を転じてその結果としての智を身体的に捉えて法身(仏身)と言うのである。

曽我の次の文が真如と阿頼耶識の関係をよく表している。

真如証入以前の万有独り虚偽にして、以後の万有のみ実在なりや。彼を否定し得たる真理、何ぞ能く之を空了する能はざるや」。真理は之に答ふる能はず、否、答ふるを要せざるなり。万有の有と無とは、之を超絶する真理に何等の影響なければなり。此の問題に答ふるものは根本識なり。乃至

一度真理の証入を終るや、元始以来甚深不可知として隠没したる根本識は、微妙なる容貌を出現し来りて、自己面上の万有を顕示す。是れ即ち、差別世界の本質にして、吾人の絶へず無意識的に憧憬しつゝある理想的の世界なり。(選集第一巻・四一五頁)

かかる真如の悟りの境地と一切の存在を肯定する救済とは真如の覚りをよりどころにして識を転じ

て内観の智に転ずるのであり、勝義と世俗、真実と虚偽の限界にたっての自覚内観は至難の事である。

## 「転識得智」

第八識と種子とは所薫と能薫、所依と能依との別ありて、種子は云何に変化するも第八阿頼耶識は毫も其作用を変ぜざるなり。第八識は明鏡の如く種子は影像の如し、影像其性質云何に変化するも鏡の本性は少しも其影響を受けず。彼は善をも認容し、又悪をも認容す。而して彼は何れにも偏倚せざるなり。彼が眼中に善悪美醜なし、随て一切種子は皆同様に第八識に同化せられて無記性たるなり。」（選集第一巻・三六一頁）

不覚の位にある八識は皆、虚妄識なり。乃至我法の悪子に対して、諸識は、積極消極の責任を負はざるべからず。されば、我法の妄識を遣るは、真理の責任に非ずして、識の責任なり。即ち識は、我法に対して自己の責任を感ずる時、自己を以て罪悪の主体と感ず。（選集第一巻・四三〇頁）

『成唯識論』では、阿頼耶識は業果識だといいます。それを異熟識、と。識は自覚でありますから、異熟の自覚という意味でしょう。主体的に自覚識として動いています。だから一つの責任感を持つのでしょう。善悪の業について責任を自覚する。これはおれがしたのだ、と。例えば自分の部下がしたのを、これは自分の責任であると感ずるのです。（講義集下・一九〇頁）

善悪すべての種子を善悪の判断をすることなく無記に蓄積されている。それは現象意識が如何に薫習してもそれを内面化して少しもそれに影響を受けない。それに対して種子から生じた現象界の現行は根本識の外にある。即ち永遠に迷いの現象界を現じている。識の生ずる基である根本識の本質と、それから展開する現象意識は迷いの意識の現行として根本識から転変する。この種子と現行に転変変化することを曽我は境界があると言う。曽我は種子と現行の間の転変を境界線という表現で自覚としてとらえている。

この勝義の世界と俗諦の世界の矛盾断絶を調和するのが、曽我の言う不一不異の道理である。この不一不異。一でも異でもないということをさらに推測するならば、否定の否定は肯定。種子と現行の転変の矛盾は矛盾のまま矛盾として自覚して、矛盾のまま荷負して調和するのであろう。矛盾のまま肯定され、それぞれの分限を自覚することにより存在する意義があるのであろう。煩悩即菩提で代表される即の意義も、阿頼耶識の否定を通しての肯定の道理により矛盾が矛盾として調和されるのである。矛盾のまま肯定され、種子と現行はそれぞれの分限を自覚してそのハタラキの意義あらしめるのである。煩悩即菩提で代表される即の意義も、それは識を通して、識を超離して法性の離言の悟りの智に証入するので法性からの化現に依るのでは無くて識を転じて得るのである。言葉にならない悟を言葉にする。離言眞實と依言眞實、法性法身と方便法身の不一不二の関係を曽我は純粋感情を真空と言い、純粋感覚を妙有と感性的な表現で仏智不思議の境地を感知している。それは識が転じて智となることで、その転識得智した結果としての智を身体的にとらえて法身（仏身）と言うのである。

ここで唯識における仏身論に触れておきたい。仏身について『解深密経論』では以下のように言う。

本経の観心修行を説明したれば、次に、此の観行円満の理想的人格を顕示せざるべからず。今、「如来成所作事品」は、広く仏陀化現の三輪の所作事を列ね、之れが解答に擬せんとするものなり。

本経の仏身観は、二身説なり。曰く、法身・化身これなり。前者は実身にして、後者は化現なり。乃至一乗教の法身は、真如法性で、智身は、此の法身の方便化現で化身にすぎない。然るに本経は、法身を解して、諸地の波羅蜜に於て、善く出離を修し、転依成満す、是れを如来法身の相と名く、と云ふ。転依とは、涅槃と菩提との妙果なり。所転捨に、煩悩・所知の二障あり。従て所転得に、涅槃と菩提との二果あり。如来の法身は、独り法性真如に非ずして、能証の菩提と所証の涅槃との合一なり。四智は法性の化現に非ずして、識を転じて得る所なり。（選集第一巻・四六八頁）

唯識においては、真如法性のハタラキによって衆生の成仏がなされるのではなくて、阿頼耶識の転変転依によることが明らかになったが、それは転識得智によるのである。識において迷いの有漏の識（心）を転じて、そうして無漏のさとりの智慧を得る。

大般涅槃の悟りである転識得智の中、現生において転識得智するのは、第六識と第七識との妙観察智、平等性智である。第五識と阿頼耶識の成所作智と大円鏡智とは成仏する時に一時に円満する。阿頼耶識は大円鏡智に転じ、五識は成所作智に転ずる。平等性智と妙観察智は菩薩が初地の位に分得する。大円鏡智と成所作智は分得することはないので、これは菩薩が成仏する時に一時に円満する。大円鏡智と成所作智は、唯仏果に至ってこれを得る。

大円鏡智に転ずるが、転ずると言っても識が無くなるのではない。方向が転換する。外に向いていた意識が内を向く。内観反省することである。四智が完全に成就するのは、成仏によらねばならない。曽我は、「われらの智慧は如来の本願の智慧でしょう。如来の本願が如来の智慧です。如来の大悲心が如来の智慧でしょう。大悲の智慧である。」（真宗大綱下・一二四頁）と言う。如来によってなさしめられる自覚であり内観であると言う。

この道理から曽我は、真如は非人格的法性法身であり、阿弥陀仏は法性法身を転じて、方便法身の人格的生命となり、人生超越の如来が正しく法蔵菩薩として人生上に来現し給うたのである。理智の如来が情意の如来となり、法性法身が方便法身となり給うという。『一念多念文意』や『唯信鈔文意』に顕されている親鸞の阿弥陀仏観が、法蔵菩薩の清浄願心によって成就された浄土は、相即無相・無相即相と言われるような広略相入の世界であると釈されている。そこに、仏土が広略相入する有り様、身土不二である仏身が法性法身と方便法身という二種の法身が相即しているということをもって顕されていることをよく了解することも出来るのではなかろうか。

では阿頼耶識すなわち根本識と法蔵菩薩の本願とはいかなる関係となるのであろうか。

# 第三章　阿頼耶識と法蔵菩薩の本願

ここで唯識の阿頼耶識、すなわち根本識を法蔵の本願ととらえる曽我の真意を明らかにする。阿頼耶識はその異名として根本識と言う。阿頼耶識が一切の存在を生じる根本の所依であると説かれることから根本識と言われる。その根本識について曽我は次のように述べている。

悟上の万有は、心内の存在なるが故に之を肯定すべし。心は根本識なり。根本識に根底を有し其の中に生存する万有、これを心内の境となし、根本識に根底を有せず其の中に生存せざる万有、これを心外の境となす。前者は実在にして、後者は虚偽なり。然らば即ち万有の肯定は、正さに根本識の肯定なり。根本識の存在を否定する時、万有は其の存在の理由を失ひて虚偽となる。即ち、吾人が絶対真理に入らざる時根本識を知らず、知らずして而も独断的に万有の実有を執す。これ、真理の正智に否定せらるゝ所以なり。然るに、一度真理の証入を終るや、元始以来甚深不可知として隠没したる根本識は、微妙なる容貌を出現し来りて、自己面上の万有を顕示す。是れ即ち、差別世界の本質にして、吾人の絶へず無意識的に憧憬しつゝある理想的の世界なり。（選

集第一巻・四一五頁）

曽我は好んで阿頼耶識を根本識と呼び、一切の存在を認識する根本的総合的な自覚意識ととらえている。既に述べたが、その見分の意識を自覚する存在の境、相分でその存在は肯定されるが、若しその対象化したハタラキを無自覚に心外の境として相分となるならば、それは虚偽の存在として否定される。唯識と言うように、一切の存在は根本識の自覚によるのである。「見・相二分の間に、実に能縁・所縁の関係あるに非ず。一念の心起るや、一分所縁に似たる相分を現じ、一分能縁に似たる見分を現ずるのみ。若し、実の所縁・能縁を許さば、相分は心外の存在となりて、唯識の教義は、其の根底より破壊せざるべからざればなり」と、識のハタラキの過程の因果の二面を能所と言うのである。

この根本識である能生の因である本有種子は所生の果であり能薫の因である現行意識、そして所薫の果である新薫種子の展転は、根本識の限りない内観反省の功能作用・ハタラキの展開である。

我等は根本識の有限的外的限界概念に依つて迷うて居るといふ現実的事実が成立するのであり、阿頼耶識によって迷ふといふ現実が成立すると共に、其の迷ふ所の阿頼耶識の道程を本当に知るといふ事、自覚することが、それが悟りの道程である。悟りといふのは迷ひそれ自体を本当に無限に内観する道程である。迷ひといふことをのけて何が悟りであるか、真実に迷ふことを知る、真実に迷ひ来つた所の道を逆に尋ねて悟りに帰り行く。どういふ進路道程といふものを通って迷つて来たのであるか、夫は阿頼耶識の恒転如暴流の絵巻物に感識せられてある。この識そのものを静かに逆に内に辿つて行って、そこに吾吾の還滅の道程が昭々として影現し来るのであります。だからして迷ひといふも悟りといふも、要するに阿頼耶の自相、即ち自体相、自覚相、自我相、一切の自覚を総合せる根本的自覚識、さういふ所に一番根拠があると思ふのであります。それを詰り阿頼耶識といふのであります。（『如来表現の範疇としての三心観』選集第五巻・一六三頁）

## 「根本識の原動力（種子）は法蔵菩薩の本願である」

根本識は迷いの方法原理も悟りの方法原理も、あらゆる万法を総合する自覚の全体系を包む意識の蔵である。阿頼耶識は根本意志の自己の無限反省の功能作用であると述べたように、根本識はハタラキであり原動力である。

根本識は力即ち精神的エネルギーの源泉であり、目的であり、またその帰するところ万有の真の結果である。心・物、内外一切の現象は、悉く力として本識中に基因する。根本意識の作用である本有種子の作用・ハタラキは現行となって表現され、それは刹那である。そこで現行・現在意識となる時、この現象に薫習される新薫種子となるが、本有種子である根本識は現行の個々の新薫種子に汚染されることなく薫習され内的な種子として蔵する。根本意志の内観、絶えず純化するこの根本識の原動力を曽我は法蔵菩薩の本願であるとみなすのであろう。

私は、法蔵菩薩の本願というものは種子だと言うのです。種子は本願である。つまり、この法蔵菩薩には、五劫思惟の本願、それから、兆載永劫の修行ということを申しますね。これが、つまり、種子・現行ということになるのでございます。それからして、もう一つおし進めて行くならば、すなわち、南無阿弥陀仏ということに帰着して行くものであると、こういうように考えられるわけであります。（選集第十二巻・一一六頁）

我ら人間の意識の上には何もかも矛盾撞著しておるのであろうが、それが無意識の世界に来ると如来の本願が、矛盾も撞著もなく、はたらいておるのである。

種子が法蔵菩薩の本願であると言っても、法爾無漏の本有種子の功能、ハタラキによるのであることは言うまでもない。ただ有漏の種子をそのまま包摂し、あえて種子としか表現していないので、阿頼耶識と法蔵が同じだと言っているのではない。両方が総合的根本的な自覚の教えであり、そこに根本主観の願心において同じであると言うのである。

では、大乗菩薩の願心がいかにして法蔵の本願へと転換するのであろうか。大乗通常の修行が六波羅蜜の六地の行である。唯識の修道は十地の修行となるのであるが、その内容の行は同じ六波羅蜜である。

## 「六波羅蜜の行から願生道へ」

十地の学事は、其の体、六波羅蜜なり。更に助伴を開いて十波羅蜜となす。即ち、方便は、布施・持戒・忍辱の助伴なり。願は、精進の助伴なり。力は、禅定の助伴なり。智は般若の助伴なり。即ち、初地より六地迄は次第に六波羅蜜の随一を中心として修行し、第七地は方便によりて布施・持戒・忍辱を円満せしめ、第八地は願によりて精進を円満せしめ、第九地は力によりて静慮を円満せしめ、第十地は智によりて般若を円満せしむ。之れを十地に十波羅蜜を修すと云ふ。

（第七　自覚以後の信行の関係・地波羅蜜多品・選集第一巻・四六六頁）

十波羅蜜の初地である歓喜地に達しても。意識的な煩悩(六麁)は断じられても、倶生の煩悩(三細)は無意識であるが残存する。煩悩に堕して悟りが汚れるから、それを修道して、修道によって再び見道にたって、そしてまた修道していく。念々に転換して自利利他を行ずる。二地以下の修道ででは六波羅蜜の行により、煩悩に染まらず煩悩に同化する内観の自覚が衆生を救う菩薩道である。しかし「完成行（六波羅密）の行を必ずしも具体的に行われることではない。すなわち六波羅蜜・完成行に対する確固たる信を深く味わい深く喜ぶという清浄な意欲のあることが大切である。（長尾雅人摂大乗論取意）。果てしない上求菩提と限りない下化衆生は真面目であればあるほど真剣であればあるほどその願心の錬磨純化は至難でありここに七地枕空の難関がある。十地の修道では、七地の難を超克するのに諸仏の勧請護念に依って、自己の願力によって現実に順応する方便智によって成仏を目指すのである。

天親は浄土論に於いて阿頼耶識の根本識を徹底的に極わめ、阿彌陀仏の本願力を観ずる浄土願生心の五念行を求めるに至ったのである。自己の願心を成就するには阿弥陀仏の本願力を観ずる浄土願生心の五念行を求めねばならないと天親は感知したのである。

## 「自覚とは自覚せしめられること」

天親は深い現実の自我妄執の離れがたく罪業の云何に深く我執我見の云何に強いかを自覚していた。曽我は天親について次のように述べている。

按ずるに天親論主の『浄土願生偈』は論主が自我の心中に顕現しつゝ、而も自我を超越せる不可思議の能力を讃仰し、『唯識三十頌』はその不可思議力に依存しつゝ、此に極力反抗する所の現実の自我妄執の告白懺悔である。罪業の云何に深く我執我見の云何に強き乎を最も明瞭に示す者は三千年の仏教史上の産物として『唯識三十頌』に及ぶものはない。『唯識三十頌』は如来の救済力を否認して自力成仏を主張し、更に如来の本願を横取りにして自ら一切衆生を救はんと企つることを表明するものである。而して一切衆生救済の本願に依りて自ら第一に無上覚位に登らんとする自己衷心の企を曝露するものである。是れ誠に無謀の企である、而も彼の真実久遠の企である。

然れば他力宗教は我々の久遠の宗教でなく他力回向の宗教である。我等の久遠の宗教は自力宗である。我等は久遠の自力宗を自己の衷心に発見して遂に絶体絶命となり、茲に忽然として「汝一心正念にして直に来れ」との西岸上の喚声を聞くのである。「直に来れ」の直の一字意義甚深である。自力をその儘に置く所に初めて他力が味はるゝではないか。此一切の自力、究竟の自力、自力を捨てんとする所の自力、此自力こそは捨てねばならず、又捨て得る自力である。（選集第二巻・二三六八頁）

かくのごとく、大乗菩薩道は、自力では成就することは出来ない。どうしても阿弥陀仏の本願力によらねばならないということが明らかになった。したがって曽我は自覚自証をするといっても自己が自己を自覚することは出来ないと言う。

現代に於ける自覚といふ事は、其の内容が雑多である為めに、其の意義が明瞭を欠いて居るが、其の形式から眺め一言にして云ふならば、「自分が為るのだ」といふ事になる。此の意味に於ける自覚といふ言葉が、現代に於いては余りに濫用され過ぎて居ると思ふ。然るに、清沢先生の叫ばれた自覚は、全然之に反して居つて、即ち「せしめられる」といふ事であつた。言葉を換へて言へば自分はなさしめられて居るといふ事が、謂ふ所の自覚なるものゝ意義であつた。（選集第十巻・六二頁）

自覚とは如来の「なさしめ給ふ」ことにより、「せしめられる」ことで、自力の限界から本願に転ずることを次のように述べている。

阿頼耶識まで自分の心をほりさげていくと、そこに如来の本願に出会う。何故なら阿頼耶識というところへ来た時に、自己の責任を感ずる。自分の責任であることを自覚すると、それは自分ではどうすることもできぬことになる。どうすることもできぬところまで来て、本当に我々は無自覚のために自覚を口にし、稍自覚し初めて無始の無自覚を自覚せしめられる。されば不覚こそ自覚の内容である。責任を感ずるのである。我々は自分の心でもって思うようにしているうちは責任を自覚しません。人はよく自分は自覚したと言いますが、本当の責任ということはどうにも

ならぬ時に来てはじめて責任の自覚があるのでしょう。（講義集第十四巻・一二九頁）

我われは、仏の呼びかけによつて自覚せしめられるのである。自分といふものが仏に呼びかけられてはじめて我を自覚する。

是の如く身心一如の転識得智は如来の悟りである。その悟りは如来だけにある。それが大般涅槃の悟りである。阿頼耶識の根本識は迷いの識を徹底的に究め、それを悟りの智に転ずる自覚の止観である。その成就が自己の自力の身では不可能な故に天親が大乗仏教の菩薩道の修道の十地の止観より、阿弥陀仏の本願力を観ずる浄土願生心の五念行を求めるに至ったのである。阿弥陀仏の清浄願心に照破され、生涯断ちがたき自力妄執を内観懺悔しつつ、念念に転依願生する表白が『浄土論』である。『唯識三十頌』は機の深信、浄土論は法の深信を顕していると言えよう。

已上に述べてきたように、真諦と俗諦の間に介在する矛盾を調和する道理が唯識では阿頼耶識であり、真宗では法蔵菩薩であることを探求してきた。しかしその根源にある原理が三性説である。曽我の三性説を解明する。

# 第四章　三性説

## 浄分・染分の媒介者　「依他起性」

三性とは諸法現象の三相なり。唯識性是れなり。抑も唯識の真実性とは円成の真如なれども、広く之れを論ずれば、唯識性に虚妄・真実の別あり。又、世俗・勝義の別あり。遍計は是れ唯識の虚妄性、真如は是れ唯識の真実性、依他（染分）は是れ唯識の世俗性、円成は是れ唯識の勝義性なり。吾人は遍計を遣り、染依他を断じて、真智を得て、真理を証す。故に万有の三相は、要するに唯識性に入るなり。即ち万有は、其の淵源を理論的に考察せば、阿梨耶識の縁起と云ふべく、又、其の帰趣を実際的に観ずれば、畢竟万法唯識の真理に帰す。前者は依他の事法を根本とし、後者は円成の理法を要とす。是れ、活動は万有開展の所以にして、寂静は究竟法円満の理想なればなり。（『摂大乗論』第二　本論の大綱・選集第一巻・四八一頁）

唯識においては、世界の認識を一乗教が真妄相対するのに対して、真妄のみならず真俗相対する。

その真に真実と勝義に分けられる。即ち真実性は真如であり、円成実性は勝義であり、世俗は依他起性であり、虚妄は遍計所執性である。遍計を遣り、染の依他を断じて、円成の真智を得て、真理を証する。唯識の三相は、悟りに達する展転の道理であり、その転換の中心が依他起性によるのである。真如は常住、無為で認識を超えていて、絶対にして万有と相対し単に消極的形式的原理に過ぎない。阿頼耶識活動の法則によりてのみ存在の意義があるので、阿頼耶識は万有の積極的認識である。

万有には具さに三相あり。遍計所執の客観的実在は、其の虚相なり。依他起の主観的仮有は、其の仮相なり。円成実の主観客観の不離は、其の実相なり。　乃至　今、三相の関係を観察せんに、依他起相は遍・円二相の媒介者にして、下遍計妄相の、其の体理無にして而も如何にして顕現せるかを説明し、又上円成の真理の、情無にして如何にして成立するかを証明す。世に若し依他なくんば、円成の真理は、遍計の否定と共に真理亦自滅せん。然るに我が摂論は、爰に此の二相を調和せんがために、依他を提出し、其の虚妄分別の力によりて、無を観じて有となす。これ即ち依他によりて遍計妄相の顕現する所以なり。又、其の妄情分別の主体の存在は、即ち絶対真理の有なる所以なりとす。即ち依他起相は、他の二相を調和するを以て其の任務とするが故に、遍計所執相に対しては専ら寛容の態度を取り、之を否認するを以て全く円成実相に譲るものなり。

（選集第一巻・五〇三頁）

三性説とは、依他起性（他に依り相対的であること）を軸として、遍計所執性（妄想されたあり方）と円成実性（完成されたあり方）の三性によって、世界の構造を考えるものである。転依は、相対性としての依他起性の場において、煩悩に汚染された状態、即ち遍計所執の世界が清浄な状態即ち円成実性の世界へと転換することを言う。しかもその転換が可能となる原理は、もともと依他起性という世界の縁起的構造に求められ、それが転換して汚染の状態になって現れていたことに求められる。今まで自分がその上に立って確固なものと信ぜられていた地盤が、実は汚染に他ならなかったこと、基盤的に罪とか根本悪とか呼ばれるものであったことが自覚せられ、この自覚を通して今までの基盤が転換し浄化される。

即ち、阿頼耶識等の八つの識（それは本来、依他起的なあり方である）が転依して四種の智に転識得智する。

遍計所執性・依他起性・円成実性の構造は、三相と言う時、それは三つの異なった世界が相並んで存在するものではない。常に依他が中心である。依他は　染浄の二面があり、転換的に時に染分ともなり、浄分ともなるものである。遍計から円成への媒介者として根抵的にあるのが依他で、依他起は一旦遍計的な有の世界に堕落して、然る後にそれの否定として円成の世界に到達するのである。

もしこの妄想された染分である遍計に依他起が堕することなく、顚落が抑制され払拭されるならば、依他は自己を恢復し、他に依ることがそのまま浄分の円成になるので、「他に依る」が真に「他に依る」になることが円成であるということなのである。

三性説はかかる転換の道を開くものである。依他起相は遍計所執性・円成実性の二相の媒介者であると言っても、両者の媒介となる存在が別にあるのではない。

依他起は円成に対する浄の面と遍計に堕する汚染の面とがあり、正しく非一非異である。依他起が根拠になって遍計にも円成にも転換するという意味で、即一であるが、同時に転換して迷悟の対立となることにおいて非一である。三性が相互に否定しつつも否定転換によって不異である。

性（真如）と相（有為）との、「非一非異」の関係は、唯識において一貫した大事な道理である。空教は真諦と俗諦を空と有・真と妄・理と事等、絶対真智の境と絶対迷妄の境とに峻別する。

唯識では真諦と俗諦の二諦の中、真諦に真と仮、俗諦の中に眞と妄があり、二諦四重を説くのである。「迷悟に階段あり。従て、迷中に悟あり・悟中に迷あり、理中に事あり・事中に理あり。」（選集第一巻・四三八頁）等と、きわめて詳細に記している。

而して「正智は我法の執を起す能はず。されば、唯俗の我法と純真の一実真如とを比すれば、真俗の区別は明瞭にして相冒すを得ざると共に、亦真亦俗の範囲にありては、二諦表裏となりて、仏智と迷情とは其の形式に於て全く一致し、最上の凡智は最下の仏智に一歩を進むることを得。これ即ち、如来教法の意義ある所以にして、又凡夫進趣の可能なるべき所以なりとす。（選集第

一巻・四三九頁）

かかる詳細な真諦と俗諦の調和をするのに、云何に仏智（如来）が苦心内観しておられるかを窺うことが出来る。

この転識得智せしめる阿頼耶識のはたらきが法蔵菩薩であると曽我は言うのである。菩薩というから因の位であるが、単なる因の位ではない。果上の法界を荘厳することによって衆生を摂取し、衆生を助けようという願を成就せんがために、法界から法蔵菩薩という位に下ってくだされたのである。従果向因の菩薩が法蔵菩薩である。タスケテである清浄願心の法蔵菩薩はタスケラレテの染雑煩悩の衆生と同体となり、その煩悩を浄化するはたらきによって自己を清浄浄化する。依他起の法のハタラキの原理を人格化したのが法蔵菩薩であると言えるのではなかろうか。

## 「法蔵菩薩」と「顕現者」

長尾雅人の「仏経的主体者」（『中観と唯識』三四一頁取意）の文に於いて「顕現者」について総裁に論じているが、その一要旨の一部を略述すると、山口益博士らの手によって明らかにせられた世親の梵文『三性論』に依他起性（縁起的にあること）が、「顕現するもの」（顕現の主語）として規定せられ、「顕現者」とも呼ばれる。

まずその顕現とは、既に山口博士の指摘する如く、「知る」はたらきであり、唯識と言わるる「識」である。而して「顕現者」は、行為的な主体性、「識る」主体者に外ならぬであろう。その場合、「識る」はたらきは、唯識学においてあらゆる行為を綜合し、代表するものなるが故に、「顕現者」とは、あらゆる行為における主体性と言うべきである。然るにそれは、もと依他起性に名づけられたのであった。即ち、「顕現者」は依他起的に縁起的に存在することなのである。世界は縁起であると言われる時、世界は行為的には「顕現者」として凝結し、そこから行為の世界が展開せられるのである。三性説の立場においては、世界は依他起性を中心とし根抵として転換する。雑染遍計の輪廻に過ぎない世界が、清浄円成なる涅槃に転回する転換の場面は、ただ依他起的にあること以外にはない。然るに今や実にその依他起性が、ここには主体的な存在として、「顕現者」として提示せられたのである。

此の文を通して推するに、顕現者とは法蔵菩薩として擬議せられるのではないであろうか。無論学問上ではなくて信仰的な意味である。

我々が鏡を見出した時に初めて新たに自分の久遠の顔を見出すのである。鏡といふのは十七願であり、映った顔は十八願である。これは自分の顔だと誰が知ったのか、自分の眼が知ったのである。その眼が鏡に映っているのである。映っている眼が映す眼であるといふことを知る。之を自証といふ。眼は体中でも最も敏感である。見られる顔の中に見る眼を見出す。自分の眼は容易に見られないが、遂に見ずには居られないものである。自分の顔はその眼を見ることに由って真に知られるのである。これが自分の顔であるといふことは、自分の眼が証明するのである。これが自分の顔であるなあと分るのが信である。それが信心の智慧である。それがそのまま方便法身を信ずる。その信心が聽て法性法身を証するのである。行の世界、即ち方便法身を見出し、同時に方便法身そのままが法性法身を見出すのが信である。かかる道理を内観の道理といふ。(「行信一体の実践原理としての本願の内観」第六講・四七九頁)

曽我は自己の法蔵菩薩の内観の体験を次のように記している。

お木像を拝んでゐる、拝んでゐるといふと何か知らんけれども、初のうちは自分の前にお木像さまがあり、それを礼拝してゐるのです。さうするとお木像さまの方は礼拝せられるものである、自分は礼拝する拝み手である、お木像さまは拝まれ手である、かういふ工合に考へてをります時に、何んだか知らんけれどもいろいろの感情が起つて来て、非常に有難いやうな心持が起つて来る、けれども静かにゆつたりと礼拝し、念仏を称へて居りますといふと、何時の間にやら前のお木像さまといふものがもう無くなつてしまふ。

初は前にお木像さまがはつきりして、自分がそれを拝んでゐるのであるといふふうであるけれども、だんだん拝んでゐる中にお木像さまは自分の意識の中から全く消えるのではないけれども、さういふものが意識の中から去つてしまひまして、さうして何か知らぬけれども大きな世界に——生きた仏さまが手を合はせて、南無阿弥陀仏南無阿弥陀仏と称へてゐる仏さまといふものが感ぜられる。それが自分だといふ気持はしない、もう自分いふ意識がなくなつてしまひまして、非常に大きい活き活きとしたところの一つの大きな生き菩薩、或は生き仏といふものがあつて、それが手を合はせて端坐して無始久遠の昔から今日まで変らずに念仏を称へておいでになる。自分だと思ふから称へてゐるといふのだけれども、自分といふ意識がなくなつてしまふと、おいでになるやうに感ずる。そのおいでになると感ずる時に、その菩薩の後ろに又微かなものがある、それが即ち自分である。菩薩が自分の前にあつて、さうして手を合はせて南無阿弥陀仏南無阿弥陀仏と高唱しておいでになる、自分はその後ろにあつてその菩薩の声を聞いてゐる。かういふやうな心持になります。

本願といふのは自分の主観を掘つて、掘つて掘つて本当に仏さまの根本を見出して行かうといふ、まあ自分の志してゐるところはさういふところである。さうしてそれは自分勝手に考へることでなしに、どうも『大無量寿経』の法蔵菩薩といふのはさういふ方面を示してゐるのでないかと思ひます。法蔵菩薩のことはちよつとむづかしいのでありまして、まあかういふ問題には余り多くの人が触れようとしないのであります。そして仏さまの御慈悲とか、仏さまの御慈悲に救はれるとか、さういふことを漠然として一般に言つてゐるのであります。けれども私はやはり浄土真宗の仏の根本といふものは、どうしても自分の主観の上に之を求めてゆく、求めてゆくといふと小さい主観の上に広大無辺の底知れないところの大主観といふものがある。その大主観が即ち法蔵菩薩である。さういふことを朧気ながら自分は思つて居るのであります。（選集第五巻・三六三頁）

# 第五章　本願の内観

## 「本願の内観」

以上の如く。唯識の阿頼耶識が、あらゆる意識を総合する根本意識の自証力であり、それを悟りの智に転ずるには阿弥陀仏の本願力を観ずる必要があることが明らかになった。その本願について曽我は次のように述べている。

「本願の内観」といへば、本願が本願を内観するのです。本願を本願が内観する。それを修行といひ行といふのであります。法蔵菩薩の兆載永劫の修行といふものは本願が本願を内観した、それを兆載永劫の修行といふ。本願が本願自身を行ずる内観の行であります。（選集第十巻・三八七頁）

本願が本願自身を内観するとは、如来が自己の本願を自覚内観反省される、すなわち阿頼耶識が一切の自覚の総合原理、自覚する自覚であったが、その真の自覚は如来の本願によらねばならない。一切の自覚の総合原理は法蔵菩薩の本願である。即ち法蔵菩薩の本願が自己の悟りに至る過程を内観自覚することにより、我われ衆生はその如来によって我執に目覚め救済されるのである。仏が菩薩になって内観した、内観したのを下がると言う。仏が一段下がって内観した仏の内観を法蔵菩薩という。本願そのものは仏だけれども、本願は形がない。その本願を具体化するために一段下がった、一段下がったということは本願を具体化することである。

法蔵菩薩の五劫思惟と兆載永劫の修行は仏になるまでの道程の内観である。その内観反省が衆生を救済する過程である。その限りない内観を合わせ鏡で説いている。

相対向せる二つの鏡は、相互にある一方の鏡の影が他の一方の鏡に映る、その映った儘がまたさきの鏡に映る。かようにこれが限りなく重々無尽に互に映って来る。今十七、十八の二願は宗教的自覚の二つの位である。自覚と云ふと必ず合せ鏡と云ふものに対して自分を見て行く、自分を見る儘がこっちに映って来る。環境へ映ったまゝ自分と云ふ所へ映って来る。それが前ならず後ならず一念同時に、鏡体は二枚なれども二枚の各の鏡に於て無量無数の鏡影がある。こっちに百万の鏡があればあっちにも百万の鏡がある、そこの境地を「内観」「自覚」と謂ふ。それが詰り兆載永劫の修行と謂ふ、眼をつぶらなければ内観出来ないのでない、正見の眼を開いて内観する、

「内観」と云ふ意味はから云ふ風に考へなければならぬ。又からでなければ内観と云ふことは全然成り立たぬと云ふことを申すのであります。」（選集第十巻・二三六頁取意）

ここで注意しなければならないのは、本願の自覚を証明するのに、曽我は自証の本願と本願の自証の二つに分けていることである。

## 「自証の本願」と「本願の自証」

我々の願往生心の自証が自性唯心の独我論の域を超越して円成真実性を成就せんがためには、まさに自証の本願の体験に進まねばならぬ。この「自証の本願」こそは「本願の自証」によつて成立せしめられるのである。まことに弥陀の自証は「我は光明と寿命との無限者なり」とが如き固定的平面的に表明せられずして、「我は光明と寿命の無限の自証を誓願するものなり」と活動的に表明せられたのは甚だ意味深きこととといはねばならぬ。乃至

弥陀の真実の自証は本願の自証である。それは自証の本願を可能ならしめる根本的制約であらねばならぬ。しかるに我々はこの根本的制約の体験を離れて、漠然として光寿無量の自証の本願を見るが故に、その自証の本願も遂に個別的自我の領域を超出することが出来ずして、それは単に

如来自己の法身の自証に過ないのであつて、それが衆生救済の大悲の根本となることが出来ないのである。（選集第四巻・九二頁）

自証の本願とは、本願が本願自身を主観的に証明することであり、光寿二無量の法身の成就を表し、本願の自証とは客観的に証明する証自証であり、曽我が言う救済は自証の方法で衆生を救うことが自証の本願に対して本願の自証であると言うのであろう。すでに述べてきたように、単に如来の本願は衆生を救うのではなくて、本願が自己自身を自証し、また証自証する限りない内観の展開によって衆生を救い衆生を自覚自証せしめるのである。

このことは、選集四巻の『内観の法蔵』の文で「自証の三願」の題名で、第十一・十二・十七の法の三願は、自証のがんであり、重十八・十九。二十の機の三願は九材の願であると、あきらかの論述し、その後の諸文でもそのことを詳しく説いているのであるが、「如来の表現する自証の道程」の文に及んで「宗教原理の全体的表現の果体たる名号は一方には衆生の自証原理であると共に、他方には如来の救済原理である。前者は本願の形式であり、後者はその内容である。而して此形式と内容とは本より平等一如である」（選集第四巻・一四七頁）と如来の自証の過程をとおして、逆に法の三願が救済の願であり、機の三願が自証の願であると述べ、それ以後は機の三願こそが自証の願であると考えている。

本願の自証が出発点となってその本願が衆生に至り届いて信の自証となる。衆生が自己を自証することが如来にとって自己の自証を証明する証自証することなのである。十八願の信心こそ本願の自証の廻向成就ががある。

## 「信は願より生ずる」

本願の信心が単に本願を所信の教理としてそれを能信する相対的信心に止まらず、単なる本願を信ずる信心の領域を超えて、直に本願力廻向の真信の自証に到達せしめらるゝのである。それは自己の内に本願を見出すことではなく、仏の内に自己を見出すことである。仏の本願中に自己を発見するには、所謂、理知的自己を超越しなければならない。ある意味で本願とは人間の本心であるが、人間が自己自身によって見い出すことができず、如来によらなければ発見され、確認されることのなかった人間の本心であると言えよう。

如来の心を介して出現したものとして、単なる人間の心とは言えないもの、人間の心にして人間の心にあらざるもの、如来の心によって浸透された心である。信心とは、人間精神の最内奥に出現した本願であり、その根源は如来である。かかる本願の信心はその信心の内に来たるところの如来の御苦労を内観する。「信ハ願ヨリ生ズレバ念仏成仏自然ナリ」、成仏自然ということは、信は願から生ずるからである。
かかる如く、如来の本願は本願を自証するために本願の信心として自証する。信というものが信自身の中に自分を展開する。

信心の眼を以て信の内容即ち内面的根源を照らし出して来る。信自身の中に信自身を照らすところの力がある。同時に信自身の中に信自身によって照らさるべきところの不可思議の内容というものがある。即ち照らされるものも信であれば照らすものも信である、つまり信が信自身を自覚して来る、自覚して来るということがつまりこの真宗学というものである。かういふ工合に私は考へるのであります。

従って信心の智慧を以て、信心の内容たるところの願を展開して来る、或は願の展開せるところの相を秩序立つて明らかにして来る。自分が秩序立てるのでなくして秩序整然と信の中に願が展開せられてゐる、その相を描いたるものがつまり真宗学といふものであります。だから信の内容としての願といふものが真宗学の対象となるものである。かういふ工合に私は信ずるものであります。（選集第五巻・二三六頁）

如来の本願の内観が衆生の信の自証にまで展開する道理を明らかにしたが、その本願が如何にして具体化するのか。本願が本願自身を反省し内観するところにおて、名号を見出す。自己久遠の姿なる「南無阿弥陀仏」と云う大行大信をそこに見出してきた。そのはたらきが本願の内観である。

「本願の内観」は第十八願がそれ自身の内において第十七願というものを見出した。その第十七願を見出すことによって願それ自身を成就して、それ自身の意義をはっきりとすることが出来る。第十七願は第十八願を映すところの鏡である。第十七願という鏡を見出してその鏡の前に立って自分の相をはっきりと見つける。その第十八願が第十七願を本当に見出してきたというところにおいて第十八願が成就して、本願成就ということが出来たのである。

私達は弥陀の名号こそは本願の廻向表現の果体であると云ふのであるが、それは唯「与へられたる」経験内容として名号を反省したのであつて、それはやがて「与へらるべき」光明の反省に外ならない。かくしてそこに表現するものは光明摂取を預想しての名号であつて、畢竟自力廻向の形式論理の偶像的名号に過ぬであらふ。私達は徒に「与へられたる」名号、「与へられたる」光明、「与へられたる」本願を超へて、直に「与へる」名号、「与へる」光明、「与へる」本願に参入せねばならぬ。「与へる」名号も光明も本願も同一総合の如来の大精神であるが、「与へられたる」名号も光明も本願も相互に異なれる分析的偶像に過ぎぬのである。勿論純粋なる本願の表現に於ては、「与へる」心はやがて「与へられる」物に表現し、それは象徴荘厳して、能与の心の外に別なる所与の物はないのであるが、併しこの表現を認識し、自証し受取る立場に於ては、先づこの両者の限界を極めて明瞭に区別して相互に混乱せぬやうに注意を要するのである。所与なる経験内容である所の名号と、能与なる超経験的行徳としての名号とを徹底的に区別し、此に依って限りなく不純なる内容を有する名号を浄化せねばならぬ。この自証の立場に於て能与と所与との両者を区別することはやがて絶対表現に於て両者の円融が先想せられての上のことである。

（選集第四巻・一四八頁）

曽我によれば与える名号は、自証の本願であり、与えられたる名号は本願の自証である信心である。

では我々に与えられた信心の自証について論究する。

# 第六章　法蔵菩薩の三心

言うまでもなく『教行信証』の信文類の本願の三心こそが、信心の自証を解明したものである。曽我はその三心を、阿頼耶識の因相・果相・自相の三相で　その信心を明らかにしている。

先づ此の中に於て自相といふのは一番根本でありまして、自相といふのは然らば何であるか、之は詰り自我の相、或は自我意識の相、又は自覚の相、かういふ工合にいふことが出来ると思ふのであります。乃至

阿頼耶の自相といふのは、『唯識論』の言葉によって見るといふと、自の体相である、自体相である。かういふ風に説明してある。自体相といふと、何か阿頼耶識に自体といふものがあって、固定したものである、かういふ風に聞えるのでありますが、さうでは無い。自体相と云って相といふものが別にある訳でない。自体相といふのは何だといへば、詰り阿頼耶の自覚相であります。

（『如来表現の範疇としての三心観』選集第五巻・一六一頁再掲。第一章）

その阿頼耶識の三相の関係を曽我は三心中の信楽はこれ自相である、至心は信楽の果相、欲生我国は信楽の因相であるというふうに領解している。自相とは、つまり阿頼耶の自覚相であり、三心中の信楽こそが自覚相である。

阿頼耶の三相の第一の自相といふものは即ち本願の三心の全体として信楽である。果相異熟識は正に三心中の現実相を示す至心に当る。従って三心の第三なる理想的要求を示す欲生といふものは、正しく阿頼耶の三相の第三相因相種子識に当る。かういふ工合に考へて来て、阿頼耶識の三相といふも体が三つあるのでなくして一体二義である。即ち阿頼耶の自相の中に果相と因相との二つを成就綜合せられて、果相といひ因相といふのは、一見すれば右と左といふ風に、果相は有限なる義相であり、因相はこれ無限なる義相である。此の二つは全く矛盾して居るやうであるけれども、それは阿頼耶の全体的自覚意識の二つの極限としてこゝに綜合せられて、たゞ一体の上の二つの意義としてあるものである。それと同じやうに、本願の至心信楽欲生の三心といふものも、其の体たるものは第二信楽、即ち信心、信心なる疑蓋無雑の純一なる一心であつて、至心といひ、欲生といふものは、たゞ其の信心の上の二つの意味である。乃ち宗教の先験原理なる本願の廻向の三心は、丁度全意識の綜合原理なる阿頼耶の三相と同一なるものである。（『如来表現の範疇としての三心観』選集第五巻・一八五頁）

曽我の至心信楽欲生の三心について論述する。

## 「至心釈」

曽我は至心を果相と言う。「一切ノ群生海、無始ヨリ已来乃至今日今時ニ至ルマデ、穢悪汚染ニシテ清浄ノ心無シ、虚仮諂偽ニシテ真実ノ心無シ」（信巻）と、感覚意識と称すべき外的境界を表明して「一切ノ群生海」と言うのである。「無始ヨリ已来乃至今日今時ニ至ルマデ」とい言うように、過去の業の個々の結果、異熟果として迷うているのである。

吾々は業の果を通して業の因というものを見出す。その業の因が即ちこの異熟識であり、業果に対して業果を感ずるところの主観、即ち業の因がこの異熟識といふべきものである、という工合に説いて居るのが阿頼耶の果相であります。つまり一つの自覚内容として自覚の道程の中にその素材として異熟を見出して来て、それを全体総合の自覚作用の異熟識として遂に阿頼耶識の自覚全体を見出して来たのであります。

『唯識論』の中では、個々のものとして無自覚であるところの業を総合して宗教的自覚の中に求めて、この異熟を異熟するところの識を一層深く内観して、今まで因と果と別体と見えたる無自覚なる業の因果を一貫総合する自覚意識に証入し、おの阿頼耶の大きな自覚を通して、阿頼耶の自覚の現実相として、自己の全体的責任と云うものを明らかに見出す。曽我は、無自覚な個々の衆生の無自覚な業果の一切責任を担う全体的な大自覚を阿頼耶識（異熟識）であると見出してそれを法蔵菩薩の至心ととらえている。

異熟が真に異熟意識に到達した時、則ち異熟がその極限に達した時、異熟識は異熟を超越して清浄真実の智光を開いて一切衆生を摂取し、衆生の苦悩の象徴たりし山河大地、諸有機体をして転じて各自に満足歓喜の象徴とならしめる。かくして一切の事象の上に内面的円満完全の個性を成就せしむるものが、此の至心の意義であります。（『如来表現の範疇としての三心観』選集第五巻・一七七頁）

親鸞は「是ヲ以テ如来、一切苦悩ノ衆生海ヲ悲憫シテ、不可思議兆載永劫ニ於テ菩薩ノ行ヲ行ジタマヒシ時、三業ノ所修一念一刹那モ清浄ナラザルコト無シ、真心ナラザルコトナシ」と述べている。如来の主観的な自覚は至心においては　穢悪汚染の一切衆生に対して清浄な智慧の現実の極限のハタラキとして衆生に同化して救いとる。その限界概念が至心を果相と言うのである。

群生海を超えるということは、群生海を通して、即ち群生海を通してさうして群生海を超えて、そこに如来があり、如来因位の行がある。だからしてそこに全体的なる純粋なる廻向といふ論理があるのであらうと思ふのであります。だからして『大無量寿経』の勝行段の文を引いて、

欲覚、瞋覚、害覚ヲ生ゼズ、欲想、瞋想、害想ヲ起サズ、色声香味ノ法ニ著セズ、忍力成就シテ衆苦ヲ計ラズ、少欲知足ニシテ染恚痴ナシ、三昧常寂ニシテ智慧無碍ナリ、虚偽諂曲ノ心アルコトナシ、和顔愛語ニシテ意ヲ先ニシ承問ス、勇猛精進ニシテ志願倦ムコトナシ、専ラ清白ノ法ヲ求メテ以テ群生ヲ恵利シキ、三宝ヲ恭敬シ師長ニ奉事シテ、大荘厳ヲ以テ衆行ヲ具足シテ、諸ノ衆生ヲシテ功徳成就セシメタマヘリ。

から云ってある。「欲覚、瞋覚、害覚ヲ生ゼズ、欲想、瞋想、害想ヲ起サズ、色声香味ノ法ニ著セズ」と、一体之は何を云ってある。初めから生じたことの無いものならば、「生ゼズ」といふ必要はない。初めから起さぬものならば「起サズ」と断る必要はない。初めから著せぬものならば「著セズ」と断る必要はない。こゝに殊更に「生ゼズ」「起サズ」「著セズ」といふのは何を云って居るのであるか。「生ゼズ」といふことは、生を通し、生を超えて、生を超えることによって、此の不生の境に達し、「起サズ」といふのは、真実に起を通し、起を超えて、不起の所に達するのである。「著セズ」といふのは、著を通して、初めて著を超えた境地に至って「不著」といふのであらう。

だからして欲覚、瞋覚、害覚を起さゞる所の法蔵菩薩の行といふものは、真実に欲覚、瞋覚、

害覚を起し、本当にそれに悩まされて居る所のものが、初めて開く所の境地でありませう。本当に欲覚、瞋覚、害覚を起し、それに悩まされたものにして、初めて欲覚、瞋覚、害覚を生ぜざる所の、所謂欲覚、瞋覚、害覚を超越した所の一つの境地に一致するものであらうかと思ふのであります。即ち此の法蔵菩薩は、吾々の本当の現実、異熟の現実の自覚を通して、其の自覚の極端の底に現れ、そこに感ずる所の清浄なる大精神、本当に現実に苦しめられ、吾々を本当に見つめ、自己のあらゆる現実を認めて、自己の全体を投げ出し、其の自己全体を投げ出し、其の自己全体を投げ出す時に、其の自己全体を引受けるものが法蔵菩薩である。（選集第五巻・一八二頁）

如来清浄ノ真心ヲ以テ円融無碍不可思議不可称不可説ノ至徳ヲ成就シタマヘリ、如来ノ至心ヲ以テ諸有ノ一切煩悩悪業邪智ノ群生海ニ回施シタマヘリ、則チ是レ利他ノ真心ヲ彰ス、故ニ疑蓋雑ルコト無シ、斯ノ至心ハ則チ是レ至徳ノ尊号ヲ其ノ体ト為セルナリ」（信巻）

至心の体、南無阿弥陀仏と、至心はまことと、如来のまこと、如来に帰命するということは、如来のまことがわれら衆生に感じられたのである。だから南無というのも自力のはからいではない。他力の法が我らに感じられ、それが帰命となるのである。

至心は真実誠種の心である。如来のまことそのものは、如来にとどまっておるものではない。如来のまことは南無阿弥陀仏とはたらいて、まことそのものが私どもに廻向してくるのである。

しかし、至心によって念仏往生するのであるが、曽我は至心は有生であると言う。有生というのは現実の肯定であります。迷いの生、欲望の肯定、現実肯定である。楽を求めて往生する方便仮土の往生である。一切群生海とあるように、感覚意識と穢土の環境を逃れんと願う往生である。

如来の至心はこの往生を肯定し、その業を肯定してその業を荷負して、単に往生を願う往生を成仏を願う往生へと止揚せしめんとする。信楽の体は至心であり欲生の体は信楽でるりと至心と信楽は不離であり、至心発願、至心廻向の自力の心を至心信楽に転ずる如来の内観の廻向心の展開を示すのである。

## 「信楽釈」

次に信楽である。

無始よりこのかた、一切群生海、無明海に流転し、諸有輪に沈迷し、衆苦輪に繋縛せられて、清浄の信楽なし、法爾として真実の信楽なし。こゝをもて無上の功徳値遇しがたく、最勝の浄信獲得しがたし。一切の凡小、一切時中に、貪愛の心、つねによく善心をけがし、瞋憎の心、つねに法財をやく、急走急修して頭燃をはらふがごとくすれども、すべて雑毒雑修の善となづく、真実の業となづけざるなり。この虚仮雑毒の善をもて、無量光明土に生ぜんと欲する、これ必ず不可なり。何を以ての故に、正しく如来、菩薩の行を行じたまひし時、三業の所修、乃至一念一刹那も疑蓋まじはることなきに由りてなり。この心はすなはち如来の大悲心なるが故に、必ず報土の正定の因となる。如来は苦悩の群生海を悲憐して、無碍広大の浄信をもて諸有海に廻施したまへり、これを利他真実の信心と名く。

私達は静にこの信楽についての親鸞の叫びを聞き、此を前に聞いた所の至心の釈文と対映する時、その表明の順序が全く前後顚倒し、且つ前者には法蔵菩薩の永劫の勝行を以て、衆生の念仏往生を成立せしむるの方法とし因行としたのであるが、今や信楽釈に来りては正反対に自力不生の理由とし、此往生の徹底的否認を通して、如来の純粋一如の大悲心の自証を展開せしめるのである。茲に私達は善導の「深心釈」と共に、特にその「二河譬」の精神の活躍に作意せしめらるゝ。已に至心が衆生の群賊悪獣の現実業相に依つて反顚せしめられたる「至心の範疇」に次いで、「信楽の範疇」の内容が貪愛と瞋憎との水火二河の発見であることは特に注意を要する所である。衆生に於て有漏雑毒の業はその父であり、無明と愛欲との煩悩は業を発動し、衆生を妊む所の母であるが故に、衆生の自証に於て一層深く内面化せられたものと云はねばならぬ。故に「二河譬」には業の外的感知なる群賊悪獣を伴位とし、水火二河の貪瞋煩悩を主位として、人生

の終極としての宗教を描かんとするは当然の道である。（選集第四巻・十五六頁）

至心釈においての業相が外的な迫害や誘惑する現実感覚世界の一切を群賊悪獣としてとらえられているのに対して、信楽釈では更に内面化した貪瞋煩悩として自覚される。信楽釈は明らかに二河譬の水火二河の釈の語を取り来って「一切の凡小、一切時中に、貪愛の心、つねによく善心をけがし、瞋憎の心、つねに法財をやく」と言い、往生の徹底的不可なるを極力高調して、「衆生の大悲痛」の自覚を通して、如来の大悲を反顕している。

親鸞が「正信偈」で「已に能く無明の闇を破すといへども、貪愛瞋憎の雲霧、常に真実信心の天を覆へり」と言われるが如く、貪瞋煩悩は修惑であり、見惑ではない。見惑は分別起の煩悩、修惑は倶生起の煩悩で、倶生起の煩悩は、これは長い間かかって始末をしなければならない。見惑は初地不退の時に、一瞬にこれを断ずる。信の一念である。真実信心を獲る一念に断ずるのは見惑である。無明は一般仏教の上においては、如実に真如実相を了せざる根本煩悩の愚痴であり、しかしながら『大経』では智慧段の不了仏智である。仏智を了せざるものである。仏智不思議の疑惑である。真宗学の上では痴疑一体と言う。

真宗では、見惑・修惑などと分けて言わぬが「已に能く無明の闇を破すといへども、貪愛瞋憎の雲霧、常に真実信心の天を覆へり」とはそのことを表している。信の一念においても「貪愛瞋憎の雲霧、常に真実信心の天を覆へり」とあるごとく「無明煩悩われらが身にみちみちて、欲もおほく、いかり、はらだち、そねみ、ねたむこころおほくひまなくして、臨終の一念にいたるまでとどまらず、きえず、たえず」と、一生涯の間起こってくる。超世の本願を疑うのは根本無明である。かかる故に信楽釈において何処までも往生の可能性を否定する。往生の否定は何を否定するか。生ということを否定して不生ということを云つて居る。往生を否定し否定して、最後に成仏の志願即ち願作仏心にまでもその自覚を推し進めて行こうという。この論理が信楽の否定論理である。往生を否定せずんばやまないのは、安価な化土の往生に満足してはならぬ。どこまでも真実報土の往生を遂げなければならぬ。つまり吾々の疑いといふものを徹底的に打ち砕き、疑心というものを否定して信心というものを徹底せしめるためには、その信心が安価であってはならぬ。それ故に吾々が信心だと思って居るその信心というものも、どこまでも疑いとして無限に否定する。

即ち信心成仏の自覚を現すのである。往生の否定は徒らに往生を否定して居るのでなくして、それは即ち成仏を願わない往生を否定するのである。真実信心が、本当に真実の信心であるということを、信心自らが証明して来る。「それ信楽を獲得することは如来選択の願心より発起す」如来菩薩の行を行じたまひし時三業の所修乃至一念一刹那も疑蓋雑ること無し」、その一念一刹那も疑蓋雑ることなきところの法蔵菩薩の信行、法蔵菩薩の信心、そこまで突き進んで、信心仏性ということまでも明らかにして行く論理、それがこの信楽釈である。

如来が大悲本願をおこしたまえるのは、如来が我ら衆生を信じて下さるのである。そのことがまた自らを信ずる自信になるわけである。

かかる徹底的な信楽の否定を通して、招喚の勅命である欲生によって仮土往生から真実報土往生が成就する。

## 「欲生釈」

欲生といふものは吾々が如来に向つて往生を求める所の要求であるか。かういふ工合に尋ねて見るといふと、さうではない。是れ則ち如来が諸有の衆生を招喚したまふ所の勅命である。今や自覚は転じて覚他に移つたのであります。即ち純粋信心成仏の自覚を転じて、さうしてそこに衆生救済に出て来る所の範疇、其の範疇が即ち欲生の範疇である。即ち不生から得生といふものに転じて来る所の原理が詰り欲生である。

「次ニ欲生ト言フハ、則チ是レ如来諸有ノ群生ヲ招喚シタマフ勅命ナリ」。欲生の生は何であるか、之は一面から見れば、欲生の生といふのは不生を転じて生といふものを見る。即ち純粋の生を見出す。即ち欲生の生は是れ即ち此の真実報土の得生でありまして、吾等の自力の往生でないのである。自力の化土の往生でなくして、若不生者不取正覚といふ所の如来の純粋なる所の真実報土の往生である。如来が諸有の衆生を招喚するのである。此の如来が諸有の衆生を招喚するといふ、是れが詰り浄土を荘厳する所の原理でありまして、又之は廻向する所の心である。(『如来表現の範疇としての三心観』選集第五巻・二二〇頁取意)

欲生というものは吾々が如来に向かって往生を願うのではない。則ち如来が諸有の衆生を招喚したまうところの勅命である。純粋信心成仏の自覚を転じて、そうしてそこに衆生救済に出て来るところの範疇、その範疇が即ち欲生の範疇である。即ち不生から得生というものに転じて来るところの原理がつまり欲生である。

欲生のところで初めて得生ということが明らかになる。即ち欲生へ来って初めて往生即成仏の真実報土の往生が成立する。かくして如来の至心の本願力は信楽を経て純粋内在の境なる如来の招喚として、自然に念仏往生を得証するに至るのである。

本願の廻向を深く内に開展して、廻向するところの能廻の廻向心なる欲生に証入する時、そこに如来と衆生との同体の「ナヤミ」があり、如来が衆生を真実に生まんとする悩みであり、真に衆生を内面化せんとする道程であり、随ってまた衆生が真に衆生たらんとする願である。

私共の信心の内なる根源たるの願、欲生我国、それが弥陀の喚び声である。親が子供を呼ぶ喚び声はどんなものか、外でもない子供の心の中に親を呼ぶところの喚び声である。純粋信楽の世界におきましては子が親を呼ぶ声の外に親の子を呼ぶ声はない。衆生貪瞋煩悩中能生清浄願往生心、その清浄願往生心が如来の本願招喚の喚び声である。吾々の願生浄土は如来の喚び声そのものであるというのが欲生心なのである。

ここで一言触れておきたいことは、曽我が信楽中心でなくて欲生心を中心に置くことである。親鸞が「信巻」の三心釈において、

論主（天親）一心といふや。答ふ。愚鈍の衆生、解了易からしめんがために、弥陀如来、三心を発したまふといへども、涅槃の真因はただ信心をもつてす。このゆゑに論主（天親）三を合して一とせるか。（真宗聖典註釈版・二二九頁）

と本願を信受する一心では信楽の自覚自証が中心であることは言うまでもないが、曽我は如来の本願の根本について欲、生心が重要であることを各文で強調している。

「欲生我国こそは本願の内に在りて、同時に常に本願を超越する所の因種である。是れ恰も人間体中に於ける生殖細胞が人間体の一部であると共にそれを能生する因種であって、限りなく自己の種族を生殖して極まる所なきが如くである。則ち本願はその内にそれの能生の原理なる欲生我国を包んで永久に自体相続しつゝ、十方衆生を招喚し摂取憶念し、南無阿弥陀仏の名号を成就して興法利生の大

行止むことがないのである」（選集第五巻・一三二頁取意）。欲生我国は内に本願を生みつつ、内に衆生を招喚するところの自己自身を自証する原理なのである。至心信楽というも、欲生我国というものが救う仏の本でもあり、救われる我われの本でもある。自覚原理が欲生である。生死の世界の中に悩んでいる衆生を招喚する勅命として至心信楽、それだけでは至心信楽が出てこない。欲生というものが根源である。

欲生は何ぞや、純粋宗教的原理の働きかける所の方便法身である。方便の法身を成就する所の方便の原理である。斯ういふ工合に方便法身が成就した所に宗教といふものが成立するのである。さういふ工合に言はれるだらうと思ひます。兎も角欲生心は如来が諸有の衆生を招喚する所の勅命である。如来の本願に目覚めること、根本的には如来が自身に目覚めること、如来の目覚めといふことはまた如来自身に目覚めたことである。如来が如来自身に目覚めるといふことがそれが即ち我等が如来に目覚める所の根本であらうと思ひます。それが即ち浄土荘厳の原理といふものであります。（選集弟十巻・一九六頁）

親鸞は機受の一心を釈して『教行信証』「信巻」の末巻において「一念とは斯れ信楽開発の時剋の極促を顕し広大難思の慶心を彰わすなり。」、さらに、「一念と言うは、信心に二心無きが故に一念と言う。これを一心と名づく」と御釈なされている。

一念を文字上より時刻の極促を顕はすことより信楽開発の刹那々々に開展することを示し、次で又「言一念者　信心無二心　故曰一念　是名一心」と、特に念の文字に注目して、念と心と同一なる処より一念は心念を統一する意義なることを明かし給う」（選集第三巻・五八頁）のである。

阿頼耶の自相は宗教的原理の自覚の相続する現在である。現在は常に一刹那の現行である。阿頼耶の上の果相異熟識といふのは、現在の上の過去の義相であり、それに対して因相種子識といふものは、それは未来の義である。現在は唯根本意識事行の一刹那であって、此の刹那現行の識に立って、過去も未来も識の自証には無いのである。現行はたゞ現在一刹那の連続より外何物も無いのである。過去と云ひ、未来と云ふものは唯一存在の現在が現在たらんが為めに内観することである。誠に現在は過去から流れ来って、未来に向って流れ去るのでなく、現在は現在から流れ来りて、更に一層大なる現在に向って進む自覚的道程である。（選集第五巻・一八七頁要約）

曽我は、「法性顕現の世界に於ては現在は唯一刹那である。現在・現行は一刹那である。種子が現行と転変するのは一瞬である。」（選集第四巻・一〇四頁）、「如来の一念は我一念を荘厳し、我が一念は如来の一念を荘厳す。祖聖はのたまふ。一念とは信楽開発の時刻の極速を顕はす。と、我は云はん。一念とは本願開発の時刻の極速を顕はす。」（選集第四巻。三七六頁）と言う。

本願が本願自らを無限に自覚内観して行く道程、本願が無限に現行するところの道程は、刹那現在の中に入って、限定されることによって無限の法性を反顕するのである。

かかる真実信心を象徴的に、次のさまに記している。

## 「山水の画を見て」

私は去る七月下旬、ある貴き使命を帯びて、河野法雲、佐々木月樵両氏と共に、我が郷里北越の地を巡回いたしまして、二十九日には来迎寺村の安浄寺に迎へらるゝ事となりました。上段には一幅の山水の軸が掛けられてあり、料らず水よ水よとさゝやいたのでありました。

画は極めて簡単である。彼方に遥に霞を帯びつゝ聳立せるは山である。此方に黒くゐがゝれたるは林である。而して此山と林との中間は全くの白紙で、無一物である。見よ、在る物は唯山と林とではない乎。而も不思議にも我等は是を「山林の画」と呼ばずに「山水の画」と名くるは何故である乎。水よ水よ、汝は何処に在る乎。若し此軸面より山を取り、更に林を拭ひ去らば、全く白紙の軸となり終るのである。けれども我々は啻に山水と呼ぶばかりでなく、実際上山水と感ずるのである。我は彼方の山を仰ぎ、此方の林を観る時、不思議にも此二者の中間の空虚の所にたゝえたる水を観るのである。なきが如くにして在るは山水の水である。私が思はず水よ水よと喚んだのは、此山林の中間に自然に実現せる満満たる水に向て発したる驚嘆の言であつたのであります。

雲霞の間に髣髴として見ゆる山は是れ西方安楽世界の教主如来の超世の本願である。近き此岸の鬱然たる森林は娑婆生死の園に迷ひ悶えつゝある我々の胸中八万の煩悩の林である。仰いで大悲本願の山を拝し、俯して生死煩悩の園林を見る時、我はいつのまにか法界にたゝえたる信念の水に驚かざるを得ないのである。信念は如来の本願と自己の罪悪との間に自然に顕現したる不可思議の存在であつたのであります。

水をゑがゝざりし時、已に水現はれ、水をゑがく時、啻に水が枯れたるのみならず、山も林も悉くその意義を破壊せられて仕舞つて、根本的に山水の画なるものが滅亡したのである。

山水の画の中心は林でなく、山でなくして、虚なる水である。

自己の罪悪の機の深信の林にすわりて、遥遠なる如来の本願の山嶽を仰ぐ時、奇なる哉や、わが坐せる煩悩の林の下まで信念の浄水は入り満ち下さるのである。此水は林の下より湧き出でたやうであるが、その実あの天に接する山嶽より湧き出でたるものである。山やその深と遠と大とをきはめて、信仰の水は清浄と寒烈とを極めて不尽である。此水や本願の山より生じつゝ、却てそれに崇厳と清純とを加へ、又煩悩の林をして千紫万紅の色を添へしむるものである。若し此信念の水がなかつたならば、如来と云ひ煩悩と云ふも所謂一箇の観念遊戯の絵画に過ぎなかつたのであらうが、今やわれ等はかの本願の山とこの煩悩の林との間に信念の水をみる時、忽ち観念遊戯の範囲を超越して、歓喜報恩の実生活に入るのであります。

蓋し水の妙味はゐがゝざる所に在る。信念の妙旨も亦不可思議の所に在る。親鸞聖人言く「聖道門の人はみな、自力の心をむねとして、他力不思議に入りぬれば、義なきを義とすと信知せり」と。ことさらに心をつくろひて清浄真実の心とならんとつとむるは此れ墨を以て水をゐがく自力の人である。義なきを義とす、自己のはからはざる所に如来の不可思議の御はからひがある。「他力の信水」は自然に入り満ち下さるゝのである。他力の信念とはゐがゝざる信念である。己を忘れたる自然の信念である。

慚愧、讃仰の宗教は此れやがて信念の宗教である。信念は本願の山でなく、又煩悩の林でない。唯山より出でゝ近く林の下に来る所の水である。（選集第二巻・二三〇〜二三四頁）

# 第七章　無限の観念である名号

以上の如く「法蔵菩薩は阿頼耶識なり」の曽我の根本命題であり、その内容である救済と自証の矛盾の調和について展開過程を論述してきたが、名号、南無阿弥陀仏は阿頼耶識と如何に関係するのであろうか。

## 「分析と総合（諸仏と弥陀）」

我々の現行せる個々の意識は根本意志を分析したものであるが故にその現行意識は同時に根本意志に総合せられるのである。『唯識論』ではこの根本意志の分析を「種子が現行を生ずる」といひ、而してその総合を「現行が種子を薫ずる」といひ、此を「三法（能生の因たる本有種子、所生の果にしてまた能薫の因である所の現行意識、及び所薫の果なる新薫種子）は展転して、因果同時なり」といふて居る。この種子こそは根本意志の自己の無限反省の功能作用である。これこそ純粋なる概念名号である。就中本有種子は弥陀の名号であり、現行は即ち諸仏であり、新薫種子は諸仏の称名であり、この三法は次第に正、反、合の三つの判断である。すなはち種子生・種子・(種子の純粋相続)は直観の判断であり、種子生現行は反省の判断であり、現行薫・種子・は総合判断である。(選集第四巻・一〇三頁)

曽我は種子と現行の関係を分化と綜合と言う概念を用いている。我々の現行せる個々の意識は根本意志を分析判断したものであり、その現行意識は同時に根本意志に綜合せられるのである分析とは選択であり、綜合とは摂取である。根本意志である阿頼耶識は「種子が現行を生ずる」という自証と「現行が種子を薫ずる」と言う救済が矛盾することを正反と言い、その矛盾が調和和合するのが阿頼耶識の根本意志の内観反省のハタラキであるという。次の文で明らかにするが、本有種子は弥陀の名号であり、現行は即ち諸仏であり、新薫種子は諸仏の称名であると、真宗の概念に当てはめて了解している。

弥陀の如来の名号が分化して現行即ち有限の観念の諸仏の名号を創造する。この諸行の分化、即ち諸仏の名号の分化は弥陀の絶対名号の分化展転である。また「現行が種子を薫ずる」とはその総合で、諸仏の名は阿弥陀の名から誕生して、また阿弥陀の名を各自の名号の上に表象回向して衆生界に流行し、而して自然に本仏の阿弥陀に帰命し総合されるのである。分析とは批判選択であり、綜合とは摂取のことであろう。弥陀と諸仏、総合と分析の矛盾を調和するのが諸仏が阿弥陀仏を讃嘆することであり、それが衆生が諸仏を通して弥陀に帰依するのである。そして新薫種子は皆平等に各自の特別の声を以て本仏の名号を称揚讃嘆するので、諸仏の称揚讃嘆が弥陀と諸仏、総合と分析・選択と摂取を調和するのであろう。

この南無阿弥陀仏は法蔵菩薩の本有の真実法爾の根本的観念である。因位の法蔵菩薩は現象界のあらゆる善悪雑染の意識有漏の種子を有漏の種子として受容しながら、その有漏の種子を転じて無漏の種子に包摂するのである。

法蔵菩薩はいかにして煩悩具足の衆生を転じて菩提に向かわせしめるのであろうか。その具体的な作用が諸仏であると曽我は考えている。

如来の本願力はこの衆生を救はんが為めに普く近く諸仏を応現せしめたまひた。まことにこの諸仏こそ如来が衆生を救済して、如来の本願力を成就せしむる無上至巧の妙法であつた。弥陀が衆生を救ふといふことは現在に諸仏を産出することである。故に弥陀が衆生を救ふ方法が諸仏であつて、如来の本願力に依つて諸仏があるのである。「諸仏の護念証誠は、悲願成就のゆへなれば」といふのは、決して諸仏と弥陀との相互の誓約に依るといふことではなく、衆生の個別的欲望を総合する理想である。衆生が無量なれば欲望は無量である。欲望が無量であれば理想も亦無量であり、随て諸仏も無量である。諸仏は唯一如来の応現として各自に一々の欲望を総合して各自に究極に達し、各自の現在に安住したまふ。衆生が済はれて始て諸仏が存在すべき筈である。しかるに衆生を救ふには諸仏の方法が必要である。是れ則ち救済の問題は遂に自証の問題に帰入すべきを示すものである。(選集第四巻・七七頁)

衆生を救わんがために法蔵菩薩は諸仏を生み出したのである。諸仏は唯一弥陀の応現として衆生の各々の欲望に応じ、弥陀はそれを総合摂取する。弥陀は無数の煩悩の衆生を救うには諸仏の方法が必要なのである。

正しく諸仏と衆生の関係は、我われの諸々の欲望に応じてその欲望を醇化展開せしめ、真実の願心に目覚めせしめる弥陀如来の応化のはたらきをするのが諸仏である。法蔵菩薩の本願力は一切の無明欲望の行業を内省して、無縁平等の大慈悲をもって本有の名号を次第に一行から一切に分化して、有限の観念なる諸仏の名号を産出創造する。それは絶対観念の弥陀の名号の一段の内観反省の開展である。阿弥陀の御名を各自の名号の上に表象回向して衆生界に流行せしめるのである。

しかしそれには法蔵菩薩の内省があり、陣痛の生み出す苦悩があった。「因位法蔵菩薩の本願の永劫の間創作せるものは遂に無量無辺の諸仏の名号、すなはち有限相対の観念に過ぎなかつた。彼の生めるものは彼の父の全体ではなかつた。彼は果して云何なる心を以てその生める所の子を見たであらうか。彼は絶望したであらうか。彼は遂に失望せずして限りなく諸仏を創造した。彼はあらゆる無生の智慧と、無縁の慈悲とを以て、衆生界に還来出生して、生死の園、煩悩の林に遊んで諸の神通応化を示現した」(選集第三巻・二八一頁)のである。而して法蔵の願力は、常に一切の無明欲望の行業を内観内省して、諸仏のハタラキを純化する。

諸仏は本仏である弥陀の願心を憶念することによってこそ、この諸の欲望の観念、一切の有限観念である一切諸仏の名号は決して相互に撞著しない。薬師の名号も、観音の名号も、多宝の名号も、大勢至の名号も、皆一面にはそれ自ら有限の欲望の名号にして、全人格の一部を抽象したものであるが、一度全人格の願心海に入り来たっては、相互に無障無碍であって、その全人格の願心を表顕しなければ止まないのである。

自己の真に救われるのは、諸仏を通して弥陀の本願を体験し、弥陀は諸仏を媒介として衆生を救い、自己の願心を自証するのである。すなわち衆生は諸仏が称讃する第十七願の南無阿弥陀仏の大行によって救われるのであるが、その諸仏は弥陀を称讃することにより弥陀の本願のまことなることを証明する。観点を変えると諸仏は阿弥陀如来の名を称えること、第十七願によって諸仏は自己自身に目覚めるのである。

有限相対と無限絶対、全我の分化と総合、総合と分析の矛盾を調和するのが名号の世界である。

## 「種子は本願、現行は念仏」

南無阿弥陀仏は是れ法蔵菩薩の本有の真実法爾の根本的観念であらう。しかし此南無阿弥陀仏なる実在の観念は最初原始の実在であつて、而も最後究竟の顕現である。一切諸行の根本であつて、而も一切諸行から選択摂取せる最後の到着点である。この故に我々は決して絶対の観念を軽々しく高声して、他の諸の相対観念を折伏すべきではない。それ等の万行の中から選択決定せられたる自然の顕現の道程を深く覚知すべきである。（選集第三巻・二七九頁）

阿弥陀如来は本願海中より生れ名号の中に住する。名号の内に住する。名号の内に現に在する。また永遠に在する。浄土というのはお念仏の内にある、お念仏は即ち浄土である、名号が即ち阿弥陀如来である。名号は常に一如の体中に在って、同時に現実の生死の裡にある。無始より生死の苦海にあって而も常に一如の体中を出ない。用の用なのである。名号は内外無碍、理想界である所の浄土をつつみ、また無始の現実の無明の闇夜をつつむところの現実的実在である。

如来の本願力の効能作用、具体的なハタラキが弥陀の名号である。無漏の種子が法蔵菩薩の本願であり、現行は念仏である。本願と念仏とは種子と現行である。名号と本願と言うものはこれは全く一念同時である。唯識の上においての現行と種子の二つの概念を対比するのが、本願と念仏とである。

## 「無限の観念である名号」

曽我は阿弥陀仏の名号をことさら、無限の観念という。

この無限の観念こそは至醇にして原始究竟の観念である。この無限の観念なくして宗教なく、哲学なく、芸術なく、道義なく、自我なく、人格なく、真の智慧と慈悲とはなく、真実の現在人生なく、大自然界はないであらう。げにこの絶対無限の観念はわれ等の憶念の最後の礎であって、万象万有の生起する第一の所依である。

印度の論師無着、天親の二氏は是を法爾無漏の種子と名けてある。或は是を本有の種子と名ける。天親の後継者中護法氏はこの絶対の種子にも本有、新生の二者を分ち、相対有漏の種子にも亦新生、本有の二種を分って居る。又難陀氏は有漏有限の種子が悉く新生の外的経験から来るとの考から、無漏無限の種子も亦本有ではないと決定せんとした。しかし私は二氏共にその師天親の本意に通ぜないかと思ふ。真実の法爾の種子本有の観念は無限の観念に限り、また無限の観念は唯一であってそれは専ら本有法爾でなければならない。有限の観念は外的経験の薫習に依りて新生せるもので、それは決して本有ではない。印度論蔵の研究者は静に根本識の世界に入りて、その種子表象の法爾なるものと、新生なるものとの区別を明にすべきことである。（選集第三巻・二七二頁）

曽我は真実の法爾の種子、本有の観念は無限の観念に限り、それは弥陀の名号のみで、護法や難陀なども天親の真意を伝えていないと言う。曽我が『摂大乗論』を熟読しながらも、その重要な道理である、「最も清浄なる法界の等流せる正聞薫習の種子より生ずる所なり」と言う、法界そのものの説法、いわば真如からの呼び声とも言うべきものを聞き、それがアーラヤ識において印象づけられ育生せられて、ついに解脱の転依に導かれるという聞薫習について一切論じていない。これについて多くの学者が疑問視している。清浄なる法界の等流せる正聞薫習の種子が正に仏果への基盤となるからである。私も、『摂大乗論』を読んでいた曽我が一言も聞薫習について触れないことに疑問を抱いていたが、その意図を推量するならば、弥陀の名号こそがあらゆる万象万有の生起する第一の所依である絶対無限の観念である。清浄なる法界の等流せる正聞薫習の種子より生ずる教えであっても真に煩悩を転じて悟りを得しむるには、弥陀の名号の世界に包摂されねば成就しないことを鮮明にしようとしたからではなかろうか。

南無の二字を以て理性なる自証原理を総合し、阿弥陀仏の四字を以て行徳なる救済原理を総合して、宗教原理を全体表現して如来の円満の行徳は全体活躍して衆生界に表現し、衆生の悪業を転廻して、そのまま個性の功徳を成就せしめ、衆生と如来と無碍に交流し、罪業と功徳と自在に交参して尽くる所がないのである。（選集第四巻・一四四頁）

# 第八章　如来の限りない内観

## 一、『大無量寿経』の五徳瑞現の仏仏想念について
### ――法蔵比丘の発願まで――

世尊、諸根悦予し、姿色清浄にして光顔巍巍とましします。尊者阿難、仏の聖旨を承けてすなはち座より起ちて、ひとへに右の肩を袒ぎ、長跪合掌して、仏にまうしてまうさく、「今日世尊、諸根悦予し、姿色清浄にして光顔巍巍とましますこと、明浄なる鏡の影、表裏に暢るがごとし。威容顕曜にして超絶したまへること無量なり。いまだかつて瞻覩せず、殊妙なること今のごとくましますをば。やや、しかなり。大聖、われ心に念言すらく、今日世尊、奇特の法に住したまへり。今日世雄、仏の所住に住したまへり。今日世眼、導師の行に住したまへり。今日世英、最勝の道に住したまへり。今日天尊、如来の徳を行じたまへり。去・来・現の仏、仏と仏とあひ念じたまふ。いまの仏も諸仏を念じたまふことなきことを得んや。なにがゆゑぞ、威神光々たることいまし、しかるや」と。ここに世尊、阿難に告げてのたまはく、「いかんぞ阿難、諸天のなんぢ

を教へて仏に来し問はしむるか。みづから慧見をもつて威顔を問へるか」と。阿難、仏にまうさく、「諸天の来りてわれを教ふるものあることなし。みづから所見をもつてこの義を問ひたてまつるのみ」と。仏のたまはく、「善いかな阿難、問へるところはなはだ快し。深き智慧、真妙の弁才を発し、衆生を愍念せんとしてこの慧義を問へり。如来、無蓋の大悲をもつて三界を矜哀したまふ。世に出興するゆゑは、道教を光闡して群萠を拯ひ、恵むに真実の利をもつてせんと欲してなり。（『大経』・真宗聖典註釈版八頁）

この五徳瑞現の経文の「去・来・現の仏、仏と仏とあひ念じたまふ。いまの仏も諸仏を念じたまふことなきことを得んや」の文を中心に「仏々相念」について論述する。

親鸞が『教行信証』において、「夫れ真実の教を顕はさば、則ち大無量寿経是れなり」と教巻の冒頭に述べ、真実の教として教義というより発起序のこの五徳瑞現のみを引用している。曽我はこの仏々相念を真実の宗教真理の体験の象徴であると言う。

「なんがゆゑぞ威神の光、光いましかる」と。世尊の威光を瞻仰して、阿難が自分の考えを以て了解を述べて、世尊のお姿の尊い威光というものの由って来る世尊の内面の体験を教えていただきたいと阿難が求めている。「今日」「今日」と言うように今日というのは、今までに見たことのない師匠としての釈尊ではなくて今の仏である釈尊を拝んでいる。

釈尊の五徳の光瑞を現ずると云ふのも要するに、第二瑞の「今日世雄仏の所住に住す」と云ふに帰するであらふ。一切の仏の出生し安住し給ふ所は何れに在るか、諸仏の依る所の現実の住所は何れに在りや、茲に唯心唯識の大義が開かれねばならぬ。茲に根本蔵識の世界が法蔵菩薩の願行として開演せられたのであらうと思ふ。されば『大経』の法蔵菩薩の発願修行正覚浄土の一切の開展は悉くその源はこの「仏々相念」の一句に在ると着眼するのである。「去来現の仏は仏と仏と相念じたまへり」、何たる広大甚深の光景であらうか。私は常に此文字を憶念せざるを得ない。三千年前の釈尊の内生活を唯此文字に求め得るのである。我々は三世諸仏出生の本源、十方諸仏止住の大心海を念ぜねばならぬ。私はこの仏々相念の文字が釈尊の過去久遠劫の五十四仏の歴観となつたことを思ふ。乃至

これ蓋し釈尊が彼の久遠の法蔵菩薩の大主観を開いて、次第に彼が歩み来つた道程を逆観するのである。釈尊は現在刹那の一念の端的から次第々々に深き内面の世界へと歴観しつゝ遡り行いた。真実内界の歴史は実にかゝる次第に依つて顕はされねばならぬ。げにかくの如くして世尊は久遠最古の源頭へと進ませられた。而して世自在王なる最古最大の応現仏の光明の下に照現せられたる自己久遠の還相、法蔵菩薩を発見し給ひたのである。（選集第三巻・三一〇―三一一頁）

釈尊は実際に経験するところの世界を深く内観され続け、個々の諸仏の光明を歴訪される。最初の錠光如来は五十四仏中最新に現れたので、釈尊の内観において第一に遭われた。かくして釈尊が現に歴訪せられたる次第を以て記されたのが五十四仏である。「かくの如き諸仏みな悉く已に過ぎ」「爾時次に仏有り、世自在王仏と名く」と釈尊は自己流転の内界を内観歴訪の最光明であるところの、世自在王如来の出世のみもとにおいて、法蔵比丘に遇われたのである。

「国を棄て王を捐てて、行じて沙門となる」と説かれる法蔵比丘とは釈尊の久遠の自己、真我の自己の象徴であろう。世自在王仏と法蔵の出会いとは、阿弥陀如来と釈尊の仏々相念の象徴的表現であろう。釈迦は弥陀を念じ、弥陀は釈迦を念ずる、念ずる者とよく念ぜられる者が一つである、これは釈尊が根本識の自覚の内容であるとともに釈尊自身を超えて釈迦自身の本当の姿、単に釈迦の姿であるというのでなく、釈迦を超えて、自己を超えて、自己を否定して、本当の釈尊の真実の姿を開顕された。ここに釈尊の主体的な相念の体験がある。

それかくの如く釈尊は自己流転の内界を内観遡源して、その無明の長夜を照すところの五十三仏を経て、遂に最後の最大光明であるところの、世自在王如来の出世のみもとにおいて、法蔵比丘に逢はれました。

あゝこの法蔵比丘こそは日夜に求めつゝあるところの彼の還相であります。爾り釈尊の真実の還相であります。釈尊はこの自己の還相を発見することによりて、初めて真実に救はれたのであります。我々の真実に救はれると云ふことは、唯自己の無始久遠の還相を発見することの外ないのであります。（選集第三巻・二四九―二五〇頁）

大経の仏々相念から五十四仏の逆観こそ法蔵菩薩という名字の生まれることを示すものである。世自在王仏に照らされて、法蔵菩薩はその胸の中に影現せる五十三の諸仏の因果を選択摂取して、自己の本願を建てられる。諸仏の国を選択摂取する法蔵菩薩は釈尊の根本主観、阿頼耶識の還相である。

選択が摂取ということは、すべての善悪を批判するとともに、それをすべて意義あるものとして摂取することである。世自在王仏の光中の諸仏浄土の影現のあらわすところは、これ本願の無限の本性を示すものである。私たちは徒に自己意識の選択をのみに着眼して、さらに深き回向の妙用を忘却してはならないのである。選択と廻向とはまことに本願荘厳の二つの意義の相である。選択は相対的分析であって、回向は絶対的総合であるからである。「まことに一切の世間事象が中に於て現じ、不出不入不失不壊にして、これ等の万象は完全なる個性を円満し、善は善のまゝに悪は悪のまゝに、心は心のまゝに物は物のまゝに、聖は聖のまゝに凡は凡のまゝに、男は男のまゝに女は女のまゝに、有は有のまゝに、無は無のまゝに、それ自身の中に全法界を統一」（選集第四巻・一二六頁）するのである。この回向は摂取であり還相である。

『華厳経』の善財童子の求道において五十三の善知識を歴訪し、一々の善知識に照らされるのは文珠の智慧に導かれる往相の過程であり、その道程を反省内観するのが慈悲をあらわす還相の普賢の徳である。

最古の大光明の世自在王仏によつて、その大光明の下に見出された法蔵菩薩こそは釈尊の五十三仏の内観反省であって、すべての諸仏を意義ある存在として摂取されるのは、自己が覚りに到達するまでの過程を反省内観されたことを表すのであろう。大光明の下に見出された法蔵菩薩こそ普賢の徳、還相の慈悲の自覚を表す象徴的表現である。

この釈尊の真主観である法蔵菩薩の感得は現在の救いの事実の淵源というものを通して、現在の救いを成立せしめる根本原理を求められたのである。それは願往生心、願生の心であり、如来が衆生として衆生の中に入り給う信界の風光である。言葉を代えて言うならば、外的には無自覚であった衆生の心の中に「願生の心」を発見することであった。真実に衆生が存在することは「願生の心」を発見することであった。序分の「仏々相念」を深く内観し、法蔵菩薩の本願の感得は、一切衆生が共同に救われるべき現実の力を釈尊は体験し、自己の還相を自覚されたのである。彼の久遠の大菩提によって久遠の人格に触れたのが根本主観の法蔵菩薩なのである。

我々は「法蔵比丘」の出現して本願を起してからが大切であると思うているが、実は法蔵比丘の出現までが大変の事である。「本願まで」が最も大切である。徒に「本願から」に没頭するは考が浅いではないか。『大経』には「本願から」に付て精細説いているが「本願まで」の方は唯過去五十三仏の名を列ねたばかりで、何も言うてない。法蔵比丘の「発願まで」の大行に接せねばならない。(選集第三巻・九四頁取意)

五十三仏の内観により世自在王仏と法蔵比丘との出会いと言う象徴的な表現により、衆生を救わねばならぬ使命を自覚された。衆生を救うべき願生の心を見出されたのである。かかる過去の内観が未来の相念を成立せしめる。

世自在王仏は本来の仏である。その仏に会って法蔵が仏になつて本願を起こされたのであるが、それは世自在王仏が法蔵鵜菩薩になられたから法蔵菩薩が仏になることが出来たのであろう。それが仏相念の本意である。

去来現の仏の仏々相念について、過去現在の仏が相念することは解かるが、未来仏が相念の中に入るのは何故であるか。未来仏は阿難の代表する十方衆生である。しかしその阿難は深き煩悩に悩み、阿羅漢の地位に安住し得なかったと伝へられて居る。彼は一面には敬虔謙虚なる学徒であったとともに、他面には多感の人間であった。随て彼の現実に対する内観は底なく深かったのである。未離欲と言われ未来の一切衆生の代表者である。

釈尊は、自己の自内証である法蔵菩薩を発見し、衆生として衆生の中に入り、無自覚な衆生の心の中に「願生の心」を起こさせる。念ずるものも仏で念ぜらるるものも仏である。能所一体である、唯仏与仏の世界である。自分も諸仏の中に居るのだ、諸仏を念ずる自分は諸仏の外にあるのではない。諸仏の中にあって諸仏を念ずる、仏の中に仏を念じている。つまり仏の中に念ずる自分を見出す。阿難の問いの一句はより深く彼の願いが内面化して、世尊の大心海を開発せねばとの止むにやまれない力が表現せられている。

阿難は、幸いに仏の在世の時に遇わせていただいたから自分は今日このような幸いを得ることができましたが、他の一切滅後の衆生は仏の世に遇うことができない。一切衆生は今日の阿難と同じような救いをどうしたならば得ることができるのであろうか。一切衆生を愍念して念仏往生は説かれたのである。

一方では「仏々相念」の念仏が、「衆生の念仏」となる。則ち「仏々相念」が「衆生の念仏」と転ずるところに、念仏の内容に一箇の限定が加えられ、根本本願が因位本願となり、「選択の大願」と呼ばるるに至ったのである。

十方三世の諸仏は一如において三世を超越して現在に接する。信の一念の現在の自覚の内面化された意味が過去・未来である。仏々相念とは現在の仏・釈尊の相念である。

末代凡夫の代表者として阿難が請問する五徳瑞現の世界が仏・菩薩の還相と一切衆生の代表者、往相の阿難とが仏々相念する世界を象徴的に釈尊の出世本懐の経である大経の真実教であることを親鸞は開示されているのである。ここにこそ梵天の勧請により釈尊成道の寂黙から説法への転換の甚深の意義があり、大乗仏典が弟子の問いにより釈尊が説法されるという本質的な意義があり、『大無量寿経』が真実の教であるという意味がある。

曽我は仏が自証と救済の調和する過程を仏々相念の内観によることを示している。

## 二、『観無量寿経』「空中の仏、地上の仏、心中の仏」
### ――浄玻璃鏡前に立つ釈尊――

前述の『大経』の阿弥陀仏・釈迦・阿難について説いているのに対比して、『観無量観経』においては、空中の仏は阿弥陀如来、地上の仏は釈迦如来、心中の仏は韋提希であると論じている。しかも仏の所住に住し給う大寂定の智慧の釈尊に対して、『観経』の釈尊は極悪の凡夫として内観される釈尊であると論じている。

釈尊は下々品の極重悪人の自覚者の第一位であるとするのが親鸞聖人の御意である。何となれば、釈尊は、真実なる下々品の人の前に立ち給へる善知識にして、真の善知識は直に己の実験の道を説き給ふべきが故である。然らば是れ大なる疑問でなければならぬ。智目行足円満して、人文史上の精華たる釈尊が、何故に極重悪人の自信を有し給へる乎。『阿含』の釈尊と『法華』の釈尊との間にすら、大なる矛盾を感じて、大乗非仏説を主張しかねまじき此世界に於て、特に罪悪の釈尊を『観経』の上に証明せんとす。此れ至難の事に類する。而も此なくしては、啻に『観無量寿経』を解する能はざるのみならず、真の釈尊を解するを得ないのである。若し此事実を否定せば、徒に知と行との高き潔き男性的釈尊が、何故に罪業と苦悩とに泣く所の人類に対して、正しく臨終の善知識として、深厚なる同情者となり給ふべき乎、正しく罪の実験なきものが、云何にして衷心より罪の人を悲憐し得べき乎、は至深の問題ではない乎。則ち『観経』には、啻に韋提希夫人が実業の凡夫として現はるゝのみならず、教主釈尊も亦実業の凡夫として、韋提希の号泣の語の中に示されてある。此れ此経が他の一切の経典と全く類を異にする所である。（選集第二巻・二八五頁）

自己の不幸を悲んで、「世尊、われむかし、なんの罪ありてかこの悪子を生ずる。世尊また、なんらの因縁ましましてか、提婆達多とともに眷属たる」と、一度阿闍世を悪子と罵りつつ、忽ち一転して、我が子を誘惑せる提婆を怨み、さらに助けを請い願った釈尊を疑い怨む半狂乱の韋提希に対して、釈尊は一言も発せず瞑想される。それはまさしく自己の責任と内省であろう。我が子、ラゴラを生みながらその子を捨て出家したことをも内観されたのかもしれない。この沈黙に、曽我は破天荒な了解を吐露している。

第七華座観の始めに、釈尊は韋提夫人に向ひ、今や世尊は、汝に苦悩を除くの法を説くべし、と宣説せられ、此宣説の未だ終らざるに当りて、忽ち空中に阿弥陀如来が住立し給ひた。如来は一言の説法もなかつた。唯黙して空中に立ち給ひた。顕に定散の諸善を説きたる『観経』は、消極的禁欲的なる釈尊の皮相的生活を示すものである。苦悩の文字は、正に定散二善を彩られたる釈尊の胸中の秘密を曝露し、則ち文字の上の韋提と云ふのが、釈尊の正体である。則ち経文に世尊とあるは、反りて提婆や韋提を表示し、提婆韋提の名が、反つて釈尊御自身の表現であつた。是には説者と聴者と、主客が全く転換して居るのである。釈尊は韋提に向つて「汝是凡夫」と教へられたが、此語に最も直接に触れて、胸中の大動乱を感ぜられた人は、韋提でなくて、恐らくは釈尊であらせられた。私は『観経』の上に、大動乱の釈尊に接する。一心に如来に帰命せる釈尊に接する。韋提に向つて除苦悩法を説かんと宣言した釈尊こそは、常に苦悩を除く救済の父を求めつゝあらせられたのである。此釈尊の一心帰命の信欲の前に、阿弥陀如来が住立出現し給ひたのである。（選集第三巻・四六頁）

苦悩の法を求めるのは、単に韋提希でなくて釈尊自身であると言う。『観経』を以て、釈尊の自己の反省の実録、換言すれば、王后韋提の自絶瓔珞の求哀の姿は、その縁に依りて眼前に映ずる釈尊の浄玻璃鏡であって、「世尊亦何の因縁ありて提婆達多と眷属たるや」との一言は、正に釈尊の現実を映す所の浄玻璃鏡なのである。韋提希の恨み深い語によって浄玻璃鏡前に立って、釈尊は提婆善知識に初めて遭われたことであろう。子である阿闍世の救済なくして、母韋提希の救いはないのである。

仏、阿難および韋提希に告げたまはく、「あきらかに聴け、あきらかに聴け。よくこれを思念せよ。仏、まさになんぢがために苦悩を除く法を分別し解説すべし。なんぢら憶持して、広く大衆のために分別し解説すべし」と。この語を説きたまふとき、無量寿仏、空中に住立したまふ。観世音・大勢至、この二大士は左右に侍立せり。（真宗聖典註釈版・九七頁）

今や苦悩の法を説こうとして、まだ説かず、ただ説くべきことを宣告して、華座の名さへ言わない前に、「無量寿仏、空中に住立したまう」のである。これを第七華座観の弥陀影現と言うのである。正しく身業説法で弥陀は何も語らず、釈尊も韋提希もその弥陀を拝むのである。

仏、阿難に告げたまはく、「かくのごときの妙華は、これもと法蔵比丘の願力の所成なり。も

しかの仏を念ぜんと欲はんものは、まさにまづこの華座の想をなすべし。」（真宗聖典註釈版・九七～九八頁）

大事なことは、空中に弥陀が住立し、浄土を荘厳する妙華・蓮華は法蔵菩薩の願力の象徴なのである。これは弥陀は外に影現し、法蔵菩薩は心内に影現する。「一々の宝珠に八万四千の光あり」と八万四千の煩悩に応じる。法蔵の本願は泥水に咲く蓮の華のごとく、悪を転じて徳を成ずるハタラキを示すのである。阿弥陀仏が空中住立し、一方、法蔵菩薩として釈迦は心想に「苦悩をのぞくの法」を内観自証する。而して韋提希は、弥陀を拝することにより無生法忍を得て救われるのである。

『観経』で阿弥陀仏の大悲が始めに示されるのは、第七の華座観の空中住立である。弥陀如来親しく空中に住立して、法蔵は釈尊の心内に影現して苦悩を除くの法が示される。

第七華座観の「住立空中の如来」この如来を第八像観にはこれを人間の心想中に影現し給える相と説明し、第九真身観には「仏心大悲」を以て直に如来の大精神を開演してある。この「仏心大悲」の経文は一経の大精神、如来の本願である。

仏身を観ずるをもつてのゆゑにまた仏心を見る。仏心とは大慈悲これなり。無縁の慈をもつてもろもろの衆生を摂す。この観をなすものは、身を捨てて他世に諸仏の前に生じて無生忍を得ん。

このゆゑに智者まさに心を繋けて、あきらかに無量寿仏を観ずべし。（真宗聖典註釈版・一〇一頁）

観経の如来は、真身観において仏身を観ずるものはまた仏心を見ると云い、この仏心の大慈悲の文字は大経の智慧の如来に対する観経の如来観の面目である。

即ち第九真身観には詳細に如来の光明相好の微妙を開いて、次で如来の色相を観ずるは徒にその秀麗を観ずるが為ではなく、「仏心を観るによって仏心を見る」と、真身観の究極の目的は仏心は大慈悲であり、無縁の慈悲をもって諸々の衆生を摂するので弥陀の大精神を隠彰する。韋提希は明らかに華座観において、自己の苦悩を苦悩としてくださる法蔵の願心に目覚め、救済される。しかし悪子と呼ぶ阿闍世の救済がなければ母である韋提希の救いはない。特に罪悪深重の衆生をたすけん為の如来は大慈悲心を生命とするのである。その阿闍世に象徴される極重悪人の救済を示すのが下々品である。

『観経』下々品の極重悪人とは抑も何者であらふ。韋提は何と聞たであらふ乎。阿闍世は正にその人である。誠に息慮凝心の定善もなく、廃悪修善の散善もない。下上品には十悪の者を救ひ、下中品には破戒の者を済ひ給ふと聞ても阿闍世の問題は依然として居るではない乎。下々品とは抑も何人である。「五逆十悪具諸不善」、此れ正しく我子阿闍世の現実である。而も臨終の十声の念仏に依りて永く生死の苦を免ると聞いた彼の驚き悦びは云何ばかりなりか。乃至畢竟『観経』

は慈母の偏に悪子を感念する事実を以て、如来の大悲を証顕するものである。（選集第二巻・二七六頁）

第九の真身観の「念仏衆生摂取不捨」と観仏とを区別して、念仏往生の教であることを明らかにする。

「五逆十悪具諸不善」、正しく韋提希にとって我子阿闍世の現実である。下々品の説法に依りて我が子の問題を解決し、茲に韋提希は真実に究竟の無上忍を得たのである。極重悪人が正しく本願の正機にして臨終の十念の念仏に依りて必ず救済さるべきを示して、以て如来の大悲心を最も明に表明したのである。下々品の説法に依りて我が子の問題を解決し、茲に韋提希は真実に救われたのである。しかし曽我はさらに次のように述べている。

下々品の経文は又釈尊が提婆の刹那超躍の霊跡を語られたのであると思うて居たが、今思へば此下々品全体の文字が、其儘、釈尊の胸底より響く所の提婆の説法であつたのである。まことに提婆は下々品の経文中の善智識であると共に、下々品の経文の説者である。則ち『観経』全部は、単なる釈尊が韋提夫人に対する説法ではなく、釈尊の胸底より、提婆達多が誕生して、釈尊をして彼自らを語らしめた者である。かくて韋提夫人の恨の焦点であった提婆は、誠に韋提の真実の救主であった。『観経』全部の真の説者は、釈尊の善知識なる、提婆の自覚の表明である。（選集第三巻・四五〜四六頁）

曽我は観経が発遣の教主としての釈尊、また行者としての釈尊、求道者としての釈尊に接すると言う。観経に説かれる王舎城の悲劇の根本本人の提婆こそが、弥陀の本願を開顕する善知識なのである。正しくかかる我われが顚倒した見解と思う考えによって悪人すべてを摂取する阿弥陀仏の大悲を顕証しようとしている。曽我は「、凡人の右胸より誕生したる如来の宗教」（選集第二巻・一三五頁）で驚くべき了解を述べている。難しい文なのでその要旨を纏める。

釈尊や七高僧・親鸞は言うまでもなく、韋提・阿闍世・弁円そして我ら衆生の貪瞋煩悩の胸から誕生する仏に依って救われるのであると言うのである。したがって我らが如来の母であると言うのである。かかる逆説的な表現に曽我の「如来我となるとは法蔵菩薩の降誕なり」との金句の深い意味が込められている。

韋提希に象徴されるさまに我われは、常に子を養育する親としての立場を主張して、慈母に子として育てられたことを忘れている。親としては親子一体を観ずるのであるが、子として親と一体であることを観ずることは難しい不孝の子である。如来といえども親であることを妄執している衆生に対して、親としての立場でこれを救うことはできない。子として誕生するのである。親としての如来を空想として否定した我われは、愛児として我が貪欲瞋恚の心痛より誕生した如来を狂喜して、その如来の存在を以て、即ち自己の大光栄となすこととなったのである。則ち我を生める如来を信じ得なかった衆生は、我が生める如来を愛せずには居られぬのである。

我らの如き霊界の不孝子に対させられては、久遠実成の法身のままでは、とてもこれを救済することができぬのである。則ち如来はその無上の慈悲方便を以て、忽然としてその久遠の法身の光輪を没して、貪瞋煩悩の衆生の心想中に入り給うたのである。

かくて如来は衆生の心想中より誕生して、巧に凡夫我執に対して究竟的承認を得させられた。然るに一度我が子の顔に見とれつつある裡に、我は何とはなしに久遠の実在の面影を想い出さずに居れないのである。その眼は昔に我をいつくしみ給いし我が父の眼ではないか。その唇はかつて我が頬をくちづけ給いし父の唇ではないか。その声は我を呼び給いしなつかしき父の御声ではないか。我は成長の後は父の存在を呪いし不孝者となったが、生まれながらにして我執のかたまりではなかった。始覚の子は正に本覚の父の面影である。愛児は悪かった親の生ける写真である。誠に子の愛しく、また気高きは、祖先の面影を伝うるが為ではないか。子を持って初めて親の恩を知ると云うは則ちこの所以である。

このように曽我は、如来は我ら衆生の煩悩を生み出すそのものになって、しかも子に対する恩愛の情に執心する親の煩悩そのものに同じて、貪瞋中から清浄願心を生じせしめてくださると言う。子を通して親や祖先を思い浮かべると、象徴的な表現で如来を信じることになると言うのである。王舎城の煩悩に渦巻く悲劇の中に、一切衆生の救済される弥陀の本願を自証している。

宗教的人格は一定不動に非ず、其活動は広く十界を該羅し、上下無限の階級を実現す。一面より見れば、彼は極悪の人なり。他面より見れば、彼は至上の人なり。是れ実に宗教的天才の自覚なり。（選集第一巻・三四九頁）

『大経』の釈尊は至上の智慧の人である。『観経』の釈尊は極悪の人である。十界無礙に活躍するのが宗教的人格である。阿弥陀仏は法蔵菩薩の大悲として釈尊の自内証となり給うのである。
長々と引用したが、「諸仏如来は法界の身なり、一切衆生の心想の中に入りたまへり」とは、正しく如来は煩悩そのものの存在である煩悩を生み出すその身になって救いたもうというのである。『観経』は「悪子」阿闍世が釈迦・韋提希の胸中に入り、弥陀の大悲を反顕したのである。如来の宗教は妄我が産み出したものでなくして、無意識的真我の産出したるものである。すなわち如来の誕生は、ただ我らが真我に目覚めた時である。

## 三、『歎異抄』「仏かねてしろしめして」

### ――第九章の煩悩について――

『観経』に続いて、『歎異抄』をひもとくとき、第九章において、阿弥陀仏（法蔵菩薩）親鸞と唯円の三者について同じように自証と救済の関係を考究する。

「念仏申し候へども、踊躍歓喜のこころおろそかに候ふこと、またいそぎ浄土へまゐりたきこころの候はぬは、いかにと候ふべきことにて候ふやらんと、申しいれて候ひしかば、親鸞もこの不審ありつるに、唯円房おなじこころにてありけり。よくよく案じみれば、天にをどり地にをどるほどによろこぶべきことを、よろこばぬにて、いよいよ往生は一定とおもひたまふべきなり。」

「煩悩の所為なり」と自覚する。煩悩が喜ぶべき心を抑えて喜ばせぬと何処までも自覚をつきつめる。しっかり基礎工事がないと、言葉だけありがたそうな説教にすぐ踊り上る。説教を聞くのでなくて説教妨害をする、半分聞いてただありがたいありがたいと言う。寺には、ただ天に躍り、地に踊るために来ている、そのため説教妨害の同行は案外沢山おるのでなかろうか。ただ南無阿弥陀仏、南無阿弥陀仏と言うだけそれだけでも一つの功徳はあろうが、しっかり眼を醒まさせることはなかなかの難事である。

「しかるに仏かねてしろしめして、煩悩具足の凡夫と仰せられたることなれば、他力の悲願はかくのごとき、われらがためなりけりとしられて、いよいよたのもしくおぼゆるなり。」（真宗聖典註釈版・八三六頁）

曽我はこの『歎異抄』の「仏かねてしろしめして」を捉えて、「如来、我を救ふや」の私が唯識の解明にあげた文で論究している。

私は『歎異鈔』の第九条の「しかるに仏かねてしろしめして煩悩具足の凡夫とおほせられたることなれば、他力の悲願はかくの如きの我等がためなりけりとしられてたのもしくおぼゆるなり」と云ふ文章を想ひ出すのであるが、この「仏かねて知しめす」とは因位法蔵菩薩の願心を指す言であり、すなはち根本阿頼耶の中に知ることである。如来の現在の正覚の中には彼と同一体なる十方無量の諸仏があるばかりであつて、一人の衆生もないのである。すなはち彼は彼の久遠の本願を憶念する時にのみ、十方の煩悩具足の衆生があるのである。しかしながら彼がその本願を念想する時、その願心の中に存在する衆生とは何であるか。それは果して個人意識の内容たる衆生であらうか。更に明に言はゞ世の中に果して煩悩具足の凡夫なる者が一人でも居るであらうか。我等は日常の個々の行為に就てはその悪を知ることが出来ないといはない。しかしそれは決してその衷心から「煩悩具足の凡夫」といふ名のりではない。是は極めて深重なる自証の告白であるべきものであつて、軽々しく口に現さるべきものではなく、真に悪の自証を離れて悪人がある筈がない。古来仏教徒が善悪業果を主張するが、その善悪の業の体なる意思は自覚的であるか、また無自覚的であるか。十二因縁の観行に於て無明に依りて行業を造ると云へばそれは無自覚と云はねばならぬように見ゆ。が、しかし第三の識より逆観すれば自覚的と云はねばならぬようである。しかしこの識も亦現実の無自覚意識を出でないように思はれるが、この識こそは根本阿頼耶を象徴するものであると、『唯識論』に決定して居る。（選集第四巻・二一九頁）

この「仏かねてしろしめす」と言う法蔵菩薩の願心は、根本阿頼耶の中においては一切の種子が善悪の差別なく包摂されるように、法蔵菩薩の因位の願心、煩悩具足の衆生の一切を法蔵の願心内に摂取する。言い換えれば如来の覚り。仏々相念の自証においては衆生も諸仏としての存在である。即ちかねてしろしめす法蔵菩薩の本願において、現実に迷う煩悩具足の凡夫が当然救わねばならない存在なのである。しかし曽我はかく如来が衆生を救うために煩悩具足と呼ばれたのに対して、衷心から「煩悩具足の凡夫」との悪の自証は極めて深重なる自証の告白であるべきものであつて、軽々しく口に現さるべきものではない、真に悪の自証を離れて悪人がある筈がないと言う。自覚的であるか無自覚的であるか、衆生の側からは区別しなければならない。悪と言っても皮相的な倫理的悪ではなくて根本的な悪である。曽我は根本的な煩悩を次のように記している。

我等衆生が受胎の一刹那の意識として、わが父母たるべき両性に於て強烈なる貪愛と瞋憎との倒想を起すと共にその生を結ぶと、印度の聖典に示されてあるが、是結生受胎の識についての叙述は仏教の恋愛観の如何を痛切に示すものであつて、茲に総報果体として、所謂現識としての阿頼耶識の内面が遺憾なく描写せられてあるように思はれる、実に阿頼耶こそはその一面は根本無明に執蔵せられたる虚妄の意識であると共に、その裡に大自証の光を孕んで居るのである。（選集第四巻・二二九〜二三〇頁）

我々は、阿頼耶識である一切の総報果体、貪愛と瞋憎とが人間の根本的な自性の意識として誕生するのである。この無明ともいうべき意識とともに、無明を自覚する意識を潜在的に持っている。その無明ともいうべき煩悩は、底無く深く無始の煩悩で忽然として生じ、愛欲で代表される生まれる時から、過去世の結果として根本無明を執持している倶生の煩悩である。しかしその煩悩にこそ自己に目覚める自証の光を孕んでいるのである。曠劫の流転輪廻の闇黒の中に自証の光明がある。

その無自覚なるは後験の習性であつて、その自証の光は先験の本性である。後験の習性は無始の妄想であつて、そこに一点の光も現はれない。その習性の無明の裡に在つて幻のように輝く理想の光は自証の応現であつて、畢竟亦無明の範囲を出でない。かゝる始覚の個人的抽象的光明に沈迷して、それを真実光明だと想ふものは自性唯心の徒である。それの背面には底知れぬ無始の黒闇の長夜があり、而もそれはそれが所依なる無始の闇夜を云何して照破し得よう。この根本無明こそは個人的小自証の所依であつて、個人的自覚の識とは厳密にその位次を異にし、それは唯絶対意志の本有の絶対智の知るべき所である。

しかしこの如来の絶対智は無明に翻対するものではなく、それと無碍にして念相の形なき不可思議の光明である。実に根本無明を内に照し、闇の裡に在りて自らの本願を証知するところの念仏三昧である。実に「称名は能く衆生一切の無明を破り、能く衆生一切の志願を満つ」る本願力回向の大行と名けらるゝ。念仏は個人的の智慧才覚を超越して、義なきを義とする先験の大行である。それは全く個人の経験に入り来らない。個人的経験に入り来れば最早その本性を転変せられて自力善根となつて仕舞ふ。我々は根本無明の裡に在つて、而も自の本願を念じて静に無明を照知しつゝある法蔵菩薩の願意を偲ぶものである。（選集第四巻・三〇頁）

部分的無自覚的な業果である異熟果を内深く内観するならば、個人的な業果を超えて、その業因も業果も自己の責任として個人的な業果を超えて全体的な業を因果を自覚する。それは先験的な自覚とあるのは、異熟がその極限に達した時、異熟識は異熟を超越して清浄真実の智光を開いて一切衆生を摂取する法蔵菩薩を感知することを言うのであろう。

後天的部分的抽象的なる異熟果というものだけを捉えて、それを分析して異熟因というものを反省したので、唯識にあっては阿頼耶識の大自覚によって初めて純粋に異熟業果というものの上に異熟識というものを見出してきたのであると言う。先験的な煩悩と後験的な個々の煩悩について曽我は「、個々のものとして無自覚である所の業を総合して先験的な大自覚を明らかにするのである。

この阿頼耶識の総合有的な大自覚を、曽我は、法蔵菩薩の自証であり、根本無明を内から照知するのが法蔵の願心である。闇の裡に在りて自らの本願を証知し、自らを念じ闇を闇として照知するのが法蔵の願心である。それは闇そのものになる。煩悩そのものになることである。

曽我は蠟燭の火で巧みにたとえている。

我惟ふに如来は無辺の蝋燭である。又無辺の闇黒である。此無辺の闇黒とは大悲の本願である、修行である。智慧を以て光明とせば慈悲は闇黒である。如来は外面より見れば光明にして、内面は闇黒である。此如来の闇黒は誠に如来光明の根本原動力にして、如来の真生命は茲に在る。如来の本願は此闇黒の御胸より涌き出でた。乃至徒に我一人罪業に泣くと思ふべからず、一切衆生の罪は則ち如来の罪であると感じ給ふ。如来は大智慧の故に已に正覚を成す。而も大慈悲の方より云へば如来の胸中は依然たる闇黒である。則ち『大経』は主としてその光明の一面を説明し、『観経』はその闇黒の一面を明示す。住立空中と云ひ、臨終来迎と云ひ、その闇黒の存在を証明し給ふものである。大悲は無明である。無縁大悲は無明の至極である。

然れば則ち我等胸中の闇黒は則ち我等が如来大悲の胸中の闇室に居るを証するのである。我等は自己闇黒の苦痛を見る時、深く如来胸中の御辛労を恐察せよ。是如来の現在の大悲の御辛労に同心するが他力の信心である。（選集第二巻・三一七〜三一八頁）

恰も蝋燭の火炎の外面は赫々たるに反して中心は闇黒色であるが如く、如来の外面は智慧の光明なるに反して、この内面は常に衆生の罪悪に対する同情的苦悶に充ちている。

かねてしろしめすとは、法蔵自身が衆生の煩悩を自己の煩悩と内観し、かねてから覚知していたと言う事であろう。かかる本願の内からの喚び声が念仏三昧、「称名は能く衆生一切の無明を破り、能く衆生一切の志願を満つ」との回向の大行である。

この曽我の文の了解は、要は個別的現象的な煩悩と倶生の根源的な煩悩の違いを明らかにて、如来はその根源的な煩悩から派生する一切の煩悩を摂取する。親鸞はかねてしろしめして煩悩具足と仰せられた本願を根本的な煩悩を覚知しながら、根本煩悩に目覚めていない唯円の悩みに同心して、「唯円房おなじこころにてありけり」と言われたのであろう。同じ心には、法蔵のかねてしろしめす心とその願心を自覚していない唯円に同じ心であると受け止めている両面があるのであろう。かかる親鸞の如来の深い願心を信受される言葉を通して唯円は目覚めさせられたことを述懐しているのである。親鸞には如来の願心に感歎する面と我が機を悲嘆する表裏の感情があったのであろう。

こゝに「おなじこゝろ」とは同一の信心である。併し唯円のいはゆる自覚では同一信心ではない。彼自身の理智的個人的自覚の上ではどうして同一信心といへようか、いふわけにはいかぬ。また御開山聖人の自覚と唯円の自覚と同一のものではないと考へられる。これは言葉は同じくても実際の境地は違ふといふものがある。同じ言葉であつても実際上の心境の違ふことが沢山ある。御開山様は唯円の個人の意識の上に顕れてゐるもののみではなく、個人意識を越えて大きな歴史的意義をご覧になつた。その歴史的意義が「よくよく案じみれば」といふところに開顕される。歴史的意義は唯円の個人的自覚を越えたものであるが、併し個人的自覚の背景となるものである。個人的自覚と歴史的自覚との間の境界といふものは別にないものである。そのないものを自分の我執によつて境界をきめてゐる。限りなく深い自覚的連続をちやんと見ておいでになる。「唯円房おなじこゝろにてありけり」。さてはあつたかと仰せられるところに世界は一転してゐる。「あ

りけり」と何か知らぬがここに大飛躍がある。（選集第六巻・二二七〜二二八頁）

親鸞と唯円は一味の安心に住して、しかも位においては問う者と問われる者との義を固く守っている。

「踊躍歓喜のこゝろ、をろそかにさふらふこと、またいそぎ浄土へまいりたきこゝろのさふらはぬは、いかにとさふらふべきことにてさふらふやらん」とは、単に親鸞がいたみ悲しんでいるのでなくて、親鸞よりみれば、これみな法蔵菩薩自身の自覚の心である。唯円の自覚を越えて、凡夫の心と仏の心、凡夫の心を裏付ける仏の心、即ち仏心凡心一体なる心、それを開顕なされるのである。

仏かねてしろしめすとは、仏は先験的に自己自身が煩悩具足と覚知している。そこに衆生の煩悩を荷負する大悲心を「他力の悲願は、かくのごときのわれらがためなりけりとしられて、いよいよたのもしくおぼゆるなり」と感知する。

静に如来の願心海を念ずれば、一切衆生は彼の「かねて知しめす」ものとして彼の内容として彼の光の中に摂取せられてある。しかし遂に彼の全く知しめさぬものは現在の自己である。現実の我念である。一切衆生は如来の願心と一如であるけれども、自己一人は永久に法の外に捨てられた。此間の消息を第一に洩すものは第十八願の「唯除五逆、誹謗正法」の文字であり、『教行信証』信巻の「悲いかな愚禿鸞、愛欲の広海に沈没し、名利の大山に迷惑して、定聚の数に入ることを喜ばず、真証の証に近づくことを快まず、慚づべし傷むべし」の文や、化巻の「悲しき哉垢障の凡愚、無際よりこのかた助正間雑し、定散心雑するが故に出離その期なし、みづから流転輪廻をはかるに、微塵劫を超過すとも仏願力に帰しがたく、大信海に入りがたし」といへるは此意味を示すものと見ゆる。（選集第四巻・三二頁）

曽我は一切衆生は彼の「かねて知しめす」ものとして如来の光の中に摂取せられてある。しかし遂に彼の全く知しめさぬものは現在の自己である。現実の我であると言う。

唯除の文を二重の抑止があるようにとらえている。五逆謗法を除くと抑止することに由って反顕して一切衆生を救う本願を示すとともに、さらに主体的に我一人はその本願にも除かれていると、正しく救われざる者との自覚が親鸞の悲嘆述懐の表白であると言うのである。

光は闇において輝く、闇は破られて闇の闇たることを証明する。唯除五逆誹謗正法は闇を闇と感知した自覚であろう。本願の中にいると思うものは本願の外にいる。本願の外にいると思うものは本願の中にいる。

法蔵菩薩は大悲闡提、何処までも救われざるものとして、本願をかねてよりしろしめして自己自身のためにも起こされたのであろう。

煩悩具足の凡夫として自己を把握することは、自己が自らを煩悩具足と見なおすことではない。それは衆生による自己把握ではなく、仏の側からの衆生の把握である。「仏かねてしろしめして、煩悩具足の凡夫と仰せられたることなれば」と言われることによって、我われは自己の真の姿を知るのである。その自覚は一切衆生は如来の願心と一如で救われるが、自己一人は永久に法の外に捨てられた。どこまでも救われざるものとして生きる。永遠に救はれない罪悪の自己という無有出離之縁の悲しみを痛切に感ずるところに、法蔵菩薩の大悲の根源がある。親鸞の悲嘆述懐には、救われない自己の自性のナゲキと、そのものを救わんとする如来の願心を讃歎する悲喜の感情が交錯している。

「いそぎまゐりたきこころなきものを、ことにあはれみたまふなり。これにつけてこそ、いよいよ大悲大願はたのもしく、往生は決定と存じ候　」とあくまで「煩悩の所為なり」と自覚する。煩悩が喜ぶべき心を抑えて喜ばせぬと何処までも自覚をつきつめて、かねてしろしめす大悲の本願を信受している。如来の内観が衆生をして内観せしめる仏願の生起本末を忘れてはいけない。

# 結論

本稿で述べてきたことは阿頼耶識と法蔵菩薩の関係の究明である。それは大乗仏教のあらゆる概念、相対する矛盾の概念が即一、そのまま一つであることの解明である。龍樹の中観派が無分別智の直観、離言と尋思を超えた立場であるのに対して、唯識は無分別智の勝義諦をよりどころにしながら、そのハタラキである現象界との矛盾をつぶさに解明して、その矛盾と調和を明らかにしようとするのである。その道理が不一不異と一でもない異でもない否定の概念であり、その否定を通して肯定する一切一味の智慧である。

かかる綿密な道理は瑜伽行者の止観の瞑想体験から生まれたものである。しかし『唯識二十論』の結びに「他心智云何、知境不如實、如如知自心智、不知如佛境」とあるように、人の心や働きを知る唯識の究極智は仏のようにはいかない理想の境地である。

親鸞は晩年に自然法爾の境地を述べているが、自然といふはおのづからということで、人間のはからいがおよばないことである。「しからしめられる」ことである。それは「如来のちかひにてあるがゆへに」と、如来の智慧の力によってしからしめ給うものである、その弥陀仏は自然のありようを知らせんために南無阿弥陀仏となると言われる。

「無上仏と申すはかたちも無くまします。かたちましまさぬ故に自然とは申すなり」色もない無上涅槃を求めていくが、同時に又色あり形ある世界に応じていく。

言葉にならないものを言葉にする。名号は「衆生をしてそれを自証せしむる法の方便善巧であつて、衆生は名を通して、則ち名に即して而も名を超離せしめて法性の離言の意義に証入せしむる所の不可思議の妙用である」。（選集弟五巻・八八頁）円融至徳の具体的なる名号は、法性離言の意味を表す本願力の自証なのである。

如来の内観は自然なハタラキであろうが、我われ凡夫の人間の感性に訴えるならば、縷縷と述べてきたように、限りない矛盾を融合調和することは至難のことである。

如来と我われの感応交は、限りなく答えを求めて、念々に問い続け廻向される信を自証していくのが誓願一仏乗の念仏道である。

如来の限りない内観による大悲の智慧は、私どもを無条件に信ぜせしめられる。我われの信は如来に信ぜられていることで自ずから自分を信ずることができる。

五濁悪世の有情の　選択本願信ずれば、
不可称不可説不可思議の　功徳は行者の身にみてり

南無阿弥陀仏　合掌

〈付　記〉

# 曽我量深の誓願と自戒

## 精神的転機と誓願

曽我量深は明治八年（一八七五）新潟県蒲原《かんばら》郡味方《あじかた》村円徳寺（父・富岡量導、母・タツの九人兄弟の三男）に生まれ、二十三歳で現見附市の浄恩寺曽我恵南の長女・ケイと婚約入寺する。十三歳で香樹院師に『無量寿経』と『成唯識論』の講義を受け、曽我の唯識思想を根抵にする真宗教学の確立の萌芽があった。

青年期の曽我は「既に私共は一流の思想家でありました」と明言しているが、往時の明治時代は伝統的日本文化と西洋文明の二つの波のぶつかりあう思想的に混乱期であった。両思想の底に流れる精神を深く洞察し、社会・政治・教育・仏教界について独自の仏教的見解に立って鋭く批判し、又暖かく共感する文を発表している。その一例を挙げれば、一年有半の瀕死の宣告を受けて、しかも優然として無神無霊魂を主張する中江兆民について、曽我は「瀕死の一兆民居士の此態度は、世の一切の宗教に向て、死刑の宣告を下すものに非ずや。彼は死後儀式の停止を命じたり。彼は明に無神無霊魂にあまん甘ずるものなり。彼は土塊に帰するを甘ずるなり。彼は六十の寿命を以て満足するものなり。全智全能の神も、一兆民に対しては全く無力なり。嗚呼無神論非《ひ》か、有神論是《ぜ》か。我等は我教界清（清沢満之）先輩の真面目なる意見を聞かんことを切望す。抑も宗教は自覚なり。兆民氏の無神論にして真に彼が至誠より涌出せしものとせば、是亦依然として彼が自覚の声ならずや。彼の唯物論は血あり。涙あり。知あり。能あり。大慈悲あり。遍照十方の我仏陀は、今や唯物論となりて兆民氏を摂取し玉ふ」（「宗教の死活問題」抜粋）と仏教徒の非難の渦中にもかかわらず擁護し、兆民が逆に仏教の死活の問題を警告していると論じている。

そして明治三十五年（一九〇二）、曽我の一生の思想を決定する精神的転機が訪れる。それまで批判していた清沢満之の精神主義について、清沢の「私の精神主義は罪悪と無能とを繊悔、如来の御前にひれふすだけである」との告白を聞き、自己内面の大暗黒を省みて、深い繊悔の信心に直入するのである。

この精神的転機の後、曽我の生涯の思想である誓願とも言うべき言葉が生まれるが、「如来我となる。如来我となるとは法蔵菩薩の降誕なり」「信に死して願に生きよ」「宿業とは本能なり」など、宗教的なひらめきの金言が幾度もある。『如来、我を救ふや』の文に「東洋大学に於いて唯識教学を講じ、阿頼耶識の種子について語つて居る間に、忽然として『如来が如来であらんためには衆生を救はねばならぬ、しかし彼が衆生を救はんがため毎には永久に如来となることが出来ぬ』といふ言音であつた」と述べている。この一句こそ私は、「法蔵菩薩は阿頼耶識なり」の曽我の思想の根抵を示す命題であると思う。

曽我は言う。如来の真実の願いは単に「衆生を救ふ」ということではない。「如来は如来であらねばならぬ」描渥「如来の裡に如来に矛盾するものがあってはならぬ」と。如来は悟に住していなければならない。しかし迷える衆牛を救うには悟りに留まることは出来ないという如来の、このジレンマの悩みと痛みから衆生を救う法蔵菩薩の大悲の本願が発起される、阿弥陀如来が悟りから水逆に衆生を数うために畑悩に染まることなく、しかも衆生の煩悩そのものの身となる。しかも悟の阿弥陀仏と法蔵菩薩は因果は相互同時である。それは真に如来であるために限りなく悟りに至る道程を艮体的に内観されることである。「タスケテ」の如来であり、「タスケラレテ」の衆生になる。助ける仏の代表者であるが、さらに深く掘り下げると救いを求める我ら一切衆生の代表者であるのが法蔵菩薩である。すいすいと泳ぐ水鳥それが阿弥陀仏の悟りに住される姿であろう。その水面下では必死に両尾をはたらかせているのが法蔵尊薩であると喩えられるであろう。

悟りの世界と迷いの世界、死と生の境界線に立つて、彼此の匿界を照らす眼をもって衆生の苦しみ悩みを自分の責任として悲しみ痛まれ、念々に深い懺悔を行ぜられるのが、永遠に修行される法蔵菩薩の本願・人悲のはたらきである。

我われは悟りと救いの矛盾の限界に立って限りなく内観自証される如来によって救われ、自己自身目ざめるのである。如何に目ざめるか。自己は煩悩具足の宿業の身であることに気付かしめられる。本願力によって回向される信心とは、如来の御苦労に同信し、我われの心の底において巨己を超えた如来の心に触れ自己の真実の姿を見いだすのである。

無意識に流れる懺悔の情が意識に現われて歓喜と感謝となる。歓喜の信と懺悔との二つは無意識と意識と表裏をなしているのである。南無阿弥陀仏の称名念仏は、南無の法蔵と悟りの阿弥陀仏の喚び声に対する応答である。南無阿弥陀仏の喚ぴ声に応答するのが称名念仏であり、それが他力の菩提心なのである。

## 法のため、公のために尽くす

曽我は小さい経典を持って原稿なしで、教壇にたち、しばし沈黙、やおら手を上げ、足を踏みならして獅子吼する。それは語ろうとして用意された言葉でなかつた。すべてが、たつた今壇上で感得されたばかりの仏の心が言葉となり、その言葉を自ら聞思し、その感動を感得した自問自答の姿であったのであろう。衆生となって如来を証明されたのである。

実父にあてられた手紙に、不幸者の量深と詫びておられるが、その一文をここに記す。

「八十一年の花のない生活、深山の奥の花のやうに誰人にも知られぬ花の如く貴き静なる父の一生は、絵巻物のやうに展開せられるのであります。実父の一生は要之、量深が生涯の背景であります。貴き生涯を乞食の様に卑謙して量深が精神的幸恵を思念せられたる私心なき一生涯を追憶しては、法の為に奮励せずに居られませぬ。為法《いほう》、為道《いどう》、私の心を去りて公の為めに尽さねばならぬと信じます。誠に夢の如き幻の如き人間の一生は若《も》し法の為にするてふ自覚を離れて何の意味がありませう。（略）私は味方《あじかた》の実父が宗教家とは名ばかりにて奴隷の生涯にも日夜黙々として一言の愚痴をも言われざりし胸中を思ひ、その深き精神生活を歌歎《かたん》せずに居られませぬ

合　掌

如来が限りなく内観自証されることを聞信することによって、親鸞の往生成仏の教えが単に救済に留まらず、自証即ち自覚の道として見なおしたところに曽我の教えの革新的な意義がある。

「私は学問といふものの無い人間でありまして、昔から学問したこともないし、学問しようと思ったことすらもないのである」と、一生を学者としてではなく、ひたすら誓願一仏乗を歩み続けた埋もれた至宝である曽我量深の思想の一端を述べさせていただいた。

# 曽我量深先生を偲ぶ

曽我量深師との出遇いは、不可思議の宿縁というほかはない。喚鐘の音の聞こえる西本願寺のお膝下、寺の次男に生まれた私は、聖人の教えの御己証の大地・越後の味方村に誕生された二人の先師にお育ていただいた。すなわち、曽我師と科学者であり素朴な念仏者であった平沢興師（元・京都大学総長）である。平沢先生は味方村のことを、「私のふる里の空気にも土にも親鸞聖人の念仏の息吹が漂った真宗の信心の厚い村でした」としみじみと語られていた。

私は京都大学で仏教学を専攻したが、卒論の際、試問の武内義範先生より次のように言われた。「真宗を学ぶなら曽我先生のお話を聞かれなさい」と。何故か書物を読めとは言われなかった。その言にしたがって、生涯師に常随昵近されていた藤代聰麿氏の直方《のおがた》（福岡県）のお寺を皮切りに、北陸方面を巡行される曽我師の後を追い、聴聞を重ね、大谷大学の大学院で学ぶことになったのである。

往時の大谷大学は、大乗仏教の碩学・山口益先生をはじめ、西谷啓治先生、金子大榮先生、鈴木大拙先生等、錚々たる方々から学べる好機であった。曽我師の講義は難解で決してその教えの根元を知る由も無かった。

ただ私の経験では、教壇に立たれた師は、小さい経典を持って原稿なしでしばし沈黙、やおら手を上げ、足を踏みならして獅子吼された。それは語ろうとして用意された言葉でなかった。すべてが、たった今壇上で感得されたばかりの仏との自問自答の内観が言葉となって発露されたのであろう。師の発せられる音声の響きとお姿にただ打たれたので、その語られる真意は分からず、呆然とするばかりであった。

先生の本を真剣に拝読したのは、孤独と苦悩の日々を送ることになった時期で、先生ご往生の後であった。往時、高原覚正氏の編輯される『願海』誌で曽我師の思想を研鑽する輪読会に参加し、図らずも同じ志をもつ無二の法友となった小林光麿氏と出遇った。その後、毎月京都の自坊で『曽我量深選集』の第一巻から五巻を主として、執筆された論文を数名の人々で熟読することとなったのである。

亡き法友の小林氏は、高倉会館の主事として、法話に来られた曽我師に親しく接せられ、正しく偏依曽我の求道者であった。忙しい大坊の住職でありながら、その曽我師への傾倒ぶりは目を見張るものがあった。二十数年の輪読会であったが、最後は病床で声の出ない状態で、筆談を通じての遺言は、「親鸞聖人の二種回向の教えを、曽我先生が法蔵菩薩に基本をおいて明らかにしていただいたことは大変意義のあることと思っています。矢張り如来我となりて我をすくいたもう。これ法蔵菩薩のことなり。これがベースですね。原始人のことですね」であった。その惜別の念は言葉で表すことはできない。

その少数の輪読会に、南山宗教文化研究所の所長であり、曽我師の『真宗の眼目』の英訳者であるヤン・ヴァン・ブラフト神父と「仏教とキリスト教の対話交流」で知り合い、神父も京都への移住を機会に、会に参加されていた。神父はかねてから疑問をもっておられた仏教の智慧と慈悲の関係についての曽我師の見解を求められ、また「欲生」の「欲」に対する解明を試みられた。日本人でも難解な曽我師の文を咀嚼されるのに驚かされたものである。そして、いかにして神学と調和されたのか、それをお聞きする前に亡くなられたのは残念なことであった。さらにブラフト神父には、その学友で京都大学名誉教授の長谷正當先生をお誘いいただき、宗教哲学の見地より多くの示唆をいただきつつ、現在では遠近各地から集う三十名にもおよぶ「鸞深会」となって聞信するに至った。尊敬する幡谷明先生（大谷大学名誉教授）のご紹介の教え子をはじめ、故小林法友の遺弟など、親鸞聖人の教えを熟知した人から初歩の人など多彩なメンバーである。その熱心さに励まされ、亡き小林法友と対話しつつ研鑽することとなっていったのである。

その二、三の了解を述べると、岡崎からお越しの坊守Hさんは、次のように言われた。「小林先生にお遇いした時は、苦悩は絶頂期。夜一人でいろんな本を読みあさり、「助かる」とはどういうことかと問い続ける毎日でした。先生のお話は『曽我量深選集』の法蔵菩薩についてで、解るはずもありません。けれども先生から強烈な言葉、「自力は他力だ」が発せられました。これは私に不思議な力が漲って、私にとっては真剣に求道する契機となりました。しかし真剣に求道を継続し続けることは、寺に背を向け家庭に背を向け離縁されるかもしれない。その恐怖とジレンマのなか、苦悩する私を助ける法蔵菩薩にただただお遇いしたい一心で、時には新幹線、時にはマイカーで馳せ参じました。お会いする度、私の難問に真剣に向き合い、ご自身の問題として受け止めてくださいました。これらの度重なる貴重な対話から、不思議にもしらずしらずに私の内面に私を動かす不思議な力、私を私たらしめるみ仏に遇うにいたることができたのです」と。

また、原子力工学専門のF氏は、次のように語られる。「原子の実際の姿は直接見ることはできないが、量子論の粒子のイメージや原子模型によって、原子の姿を感じることができる。法性法身は、方便法身というはたらきを通さないと解らないと言われる。「はたらき」自体しかないが、「はたらかしめる」何かを通して、見えないものを感得する。その自覚の問題が、量子論の世界での経験と通じ合う思いがしました。真空もエネルギーを持ち、そのエネルギーは非常に短い時間内でゆらいでおり、そのエネルギーを使ってあらゆる素粒子が発生・消滅している。「空」とは充ち満ちていると言われる曽我量深先生が離言難思の境をあくまでも日常の言語でもって厳密に顕そうとされる迫力と、ミクロの世界の非日常的現象と通ずる点の多いことに驚かされます」と。

浄土宗の檀家で元高校校長のI氏は、「曽我量深師の教えとは、どのような内容かと友人に問われた。まだ数年にしかならない私にはほとんど理解できていなくて答えられなかった。しかし逆に、学びたいという感情がますます強くなり、これから自分が死ぬまでずっとお教えをいただきたい。南無阿弥陀仏をただ唱えるのでなくて、有難い気持ちで称えさせていただくようになりました」と述懐される。

以上、理解すると言うより、各々の体感を述べている。

「感こそは具体的な智慧である。感ずる外に知るといふことはない。仏を感ずるのである。だからして、お念仏は仏を感ずるところの道である。他力廻向の信心といふことは理智的な信心ではない。感ずるところの信心であり、感ずるまゝの信心である」（講義集第一巻・二〇頁）と曽我師が言われるのはこのことであろう。

難解と思われる先生の教えは観念的な思惟から出されたものではない。「宿業によって無縁の本願を戴き、本願によって我々は自己の宿業を自覚せしめられる」（講義集第八巻・二〇三頁）と語られる如く、執筆された難渋で凝結した論文は、大正時代の越後の隠遁、実弟を我が子として浄恩寺の後継者とする問題、相継ぐ実母養母・実父養父、そして生涯病身の妻ケイ氏の往生、責任を担っておられた浩々洞の崩壊と、苦難に満ちた生活の中での深い内感から自証された自然の道理である。

ところで、「鸞深会」の世話人であり、「名古屋雲集会」の代表者である藤原猶真氏（名古屋教区西恩寺住職）が、昨年（二〇二〇年）の六月、曽我量深師五十回忌聞法会のしんらん交流館での開催を企画し、広く一般に呼びかけていたが、新型コロナウイルスの影響で残念ながら翌年に順延することになった。藤原氏は、「鸞深会の学びは、釈尊の自内証から親鸞の救済の教え、愚禿親鸞の名告りにまで通底する思想を曽我量深師の唯識観によって探求するものであります。それは「法蔵菩薩は阿頼耶識なり」という曽我師の前人未踏とも言える根本命題に、真に踏み込むものです。その意味では最古にして最新の学仏道が那須師の研鑽において展開されているのです。かつて法蔵菩薩を「最古の原始人　最新の現代人」と表現した方がいました。その意を借りるならば、不思議なことに学べば学ぶほど懐かしくて新しい人、曽我量深師に出遇うことができるのです。南無阿弥陀仏の名号に懐かしく新しいいのちが息づいているのです。鸞深会の学びを通し、本年の五十回忌が私にとっては思いがけなくも百回忌への確かな第一歩であると感じられます」と情熱的に語られるのである。

如来の大悲は則ち如来の深き　智慧である。浅き小智に於て浅き渇愛の濁水が涌き、智慧の井が愈々深くして大悲の清泉は無尽に深く澄むであらふ。（選集第四巻・一六二頁）

仏の智慧が智慧のままでは私　どもには響いてこない。仏の智慧が迷えるわれわれに対しては慈悲というものになって、私どもに領解できるようにしてくださる。だから智慧から大悲の本願を起して、その本願の大悲をもってわれわれを助ける。南無阿弥陀仏と成就して、つまり智慧が慈悲という一つの形として、そうして南無阿弥陀仏となってくる。（講義集第九巻・六八〜六九頁）

大悲の智慧の念仏に生かされて信心の智慧に目覚めるべく、師の限りない内観の教えを共々に聞思研鑽していきたいと願うものである。

【初出一覧】

- 如来何故に内観するや―曽我量深の根本的思想を探る―（書き下ろし）
- 曽我量深の誓願と自戒（『大法輪』第八七巻、二〇二〇年第五号、大法輪閣、五月一日発行）
- 曽我量深先生を偲ぶ（原題「影現される曽我師を偲びて」、『教化研究』一六七号「曽我量深没後五十年」、東本願寺教学部、二〇二一年四月発行）

## 〈著者略歴〉

那須信孝（なす　のぶたか）

1930(昭和5)年京都市生まれ。55年京都大学文学部卒業(仏教学専攻)。59年大谷大学大学院修士課程修了(真宗学専攻)。64(昭和39)年浄土真宗本願寺派・一行寺住職に就任。2019(令和元)年5月26日住職を辞任。

主要な著書は、『曽我量深の教え　救済と自証～法蔵菩薩は誰か～』(新学社、2012年)、『如何に中陰法要を勤めるか～中有を如何に捉えるか～』(方丈堂出版、2012年)、『曽我量深に聞く宗教的要求の象徴・法蔵菩薩―限りなく純粋感性を求めて―』(大法輪閣、2018年)、『心の窓―街角の掲示板―』(方丈堂出版、2019年)。

如来《にょらい》何故《なにゆえ》に内観《ないかん》するや
―曽我量深の根本的思想を探る―

二〇二一年七月十日　初版第一刷発行

著者　那須信孝
発行者　光本　稔
発行　株式会社　方丈堂出版
京都市伏見区日野不動溝町三八―二五
郵便番号　六〇一―一四二二
電話　〇七五―五七二―七五〇八
発売　株式会社　オクターブ
京都市左京区一条寺松原町三一―二
郵便番号　六〇六―八一五六
電話　〇七五―七〇八―七一六八
*Printed in Japan*

印刷・製本　株式会社　三星社


ISBN978-4-89231-222-9